孙中山就任临时大总统揭秘

编　著　陈宁骏　欣　辰
图片整理　衣兰杰　王利雯　杜筱青　孙水晶
　　　　　任维波　陶德琳
摄　影　褚宝国　吴晓霞　周晓燕　杜娟娟
　　　　陈　力　林秀平

东南大学出版社
·南京·

图书在版编目(CIP)数据

孙中山就任临时大总统揭秘 / 陈宁骏,欣辰编著.
— 南京:东南大学出版社,2016.5(2024.3 重印)
ISBN 978-7-5641-6483-6

Ⅰ.①孙… Ⅱ.①陈… ②欣… Ⅲ.①孙中山
(1866~1925)-生平事迹 Ⅳ.①K827＝6

中国版本图书馆 CIP 数据核字(2016)第 098809 号

孙中山就任临时大总统揭秘

出版发行：东南大学出版社
社　　址：南京市四牌楼 2 号　邮编：210096
出 版 人：白云飞
网　　址：http://www.seupress.com
电子邮箱：press@seupress.com
经　　销：全国各地新华书店
印　　刷：广东虎彩云印刷有限公司
开　　本：787mm×1092mm　1/16
印　　张：21.25
字　　数：417 千字
版　　次：2016 年 5 月第 1 版
印　　次：2024 年 3 月第 2 次印刷
书　　号：ISBN 978-7-5641-6483-6
定　　价：49.80 元

本社图书若有印装质量问题,请直接与营销部联系。电话：025 - 83791830

前　言

　　1912年1月1日深夜，孙中山在南京就任中华民国第一任临时大总统，开创历史新纪元。作为民国的"开国大典"，许多人认为这个典礼十分隆重，并在一些文学、绘画等艺术作品中均有所表现。其实，孙中山的就职典礼并非人们所想象的那么隆重，而是简单又仓促。这是由当时特定的历史氛围所决定的。

　　孙中山从当选到就任只有3天准备时间，为何如此仓促？孙中山的目的是什么？就任典礼为何没留下任何影像资料？典礼场景究竟如何？参加典礼的都有哪些人？缺席的重要人物有哪些？……留下诸多悬念。孙中山就任临时大总统就职典礼是历史的焦点，也是许多人的兴趣所在，但由于年代久远、史料欠缺，一些谜团难以解开。

　　孙中山1911年12月25日从国外回到上海，就开始紧锣密鼓地筹措建立新政权。当时的政治时局之纷乱在中国历史上是少见的。乱世出英雄，危局显豪杰。孙中山在中国历史长河的关键时刻，做出了正确判断和抉择，付诸行动之中。孙中山为了确保革命的胜利果实不旁落，以超然的远见和卓越的胆识，果断地就任临时大总统，创建民主共和。孙中山的就职典礼，不仅是结束封建王朝的催化剂，也是激起革命党人斗志的强心针。

　　孙中山的就职典礼虽然仓促简单，但丝毫不会影响到其巨大的历史意义。

目　录

第一章	孙中山当选临时大总统的政治背景	001
第二章	孙中山从上海到南京就职	031
第三章	就职典礼	041
第四章	参加就职典礼的那些人	073
第五章	与"就职典礼"密切相关的那些人	139
第六章	缺席典礼的要人有哪些	217
第七章	南京临时政府的主要官员	241
第八章	就职典礼留下的疑问	307
第九章	典礼简单却意义深远	329
后记		333

第一章
孙中山当选临时大总统的政治背景

"伟大的革命先行者"孙中山为了推翻满清统治,奋斗不已,历经多次失败,流亡海外,但仍坚持不懈,寻找着一切机会,指挥着革命党人的武装起义。他虽然没有直接领导武昌起义,却为辛亥革命的成功打下了基础,功不可没。孙中山是众望所归的革命领袖,开创共和、出任"临时大总统"现在看来似乎顺理成章,但是,当时情况却并非如此……

一、虚"总统"之位以待袁世凯推翻满清

1911年10月10日，武昌起义成功，成立军政府。清政府重新起用袁世凯赴湖北镇压革命。当时革命党人主张只要清廷退位，共和政府成立，汉人做了大总统，就是革命成功，即可与北方停战议和。11月1日，清皇族内阁辞职，袁世凯出任内阁总理大臣，大权在握。

湖北武昌军政府

11月9日，湖北军政府总司令黄兴致电袁世凯，希望袁直捣黄龙建拿破仑、华盛顿之功，并表示事成后南北各省人民都将拱手听命。狡猾的袁世凯一方面表现出朝廷忠臣的样子，稳住清室，一方面摆出积极的姿态与革命党人讨价还价。

同盟会当时在立宪派和旧官僚的拉拢下，革命阵营内部派系林立。黄兴因为屡战屡败，遭到微词，不愿牵头组织政府，也不愿出任领导人。黄兴坚信只有孙中山才能担此大任，不断催促孙中山回国，出任领袖，领导革命。

同盟会因群龙无首，处于名存实亡的状态，许多革命党人受到袁世凯的蒙蔽，年轻的汪精卫就是一例。11月14日，汪精卫与君主立宪派杨度合组

"国事共济会",以调和南北、共济国事为宗旨,公然散布革命将招瓜分、生内乱的陈词,主张开国民会议议决国体,鼓吹革命、立宪两派联合拥袁,实现南北统一。汪还亲笔致函武昌军政府,主张南北联合,迫清帝退位,举袁世凯为大总统。

12月2日,南京光复,南北双方达成停战协议,随后清廷任命袁世凯为北方议和全权大臣,袁又任命唐绍仪为全权代表。南方11省革命军政府公推伍廷芳为民国议和全权代表,汪精卫与温宗尧、王宠惠等人为参赞。黄兴电促袁世凯举事推翻满清政权,事后任中华民国大统领,组织完全政府。

上海民军在招募新兵

民军敢死队进攻江宁

12月12日,17个独立省代表齐集南京,准备选出一个领袖来应对袁世凯。但对领袖的人选却不能统一,章太炎甚至认为"总统之属,以功则黄兴,以才则宋教仁,以德则汪精卫"。黄兴被人讥为"汉阳败将";而在黄兴自甘退让、改由黎元洪出任大元帅时,首义地武昌又处于朝不保夕的危险境地,这让新胜之余的江浙革命党人感到迷茫。

清军炮兵在布防

有代表提议黎元洪,立刻遭到反对,认为黎虽是武昌首义之首,但他是被硬推出来的,根本不配做革命领袖,况且黎以前还镇压过革命党人。有人提议多次组织武装起义的孙中山,认为虽然起义都失败了,但影响是巨大的,武昌起义的火种也是孙中山留下的。孙中山成为大家所公认的最佳人选,但因此时他不在国内,此动议也只好不再提起。

在袁世凯大摇和平橄榄枝的诱惑下,独立各省代表干脆秘密议定由袁世凯来充当临时大总统,条件是他反戈一击,推翻清廷。在众人看来,这对于袁世凯来说,是易如反掌。既然如此,南方各省选出的领袖一职已成鸡肋,不过是起个过渡的作用。

12月18日,民国议和全权代表伍廷芳,与清内阁总理大臣袁世凯的全权代表唐绍仪在上海举行第一次议和会议,决定双方执行停战协定,方可开谈。英、美、日、法、俄、德六国代表分别会见伍、唐二人,希望和平了结局势。20日,南北停战议和代表举行第二次会议,拟定停战条规,并决定停战延长七日。

许多革命党人以临时大总统之位诱袁推翻清廷的政治倾向逐渐形成。黄兴曾致电袁世凯:若能赞成共和,中国共和大总统,断是项城(袁世凯字项城)无疑。一时间,袁世凯出任共和国总统是当时大多数革命党人、海内外立宪派、旧官僚以及新闻界共同的心声。南方甚至做出暂时不选举临时大总统的承诺,虚席以待袁氏。

大权在握的袁世凯

也有一些革命党人担心袁世凯拖延时间,错过推翻清王朝的革命势头,认为革命者需要自己的代言人。孙中山以其卓越威望成为革命党人的众望所归。

南京光复后的两江总督署大门

二、孙中山回到国内

流亡海外的孙中山

1911年，历经多次起义失败后的孙中山流亡海外，在美国各埠四处演说筹募革命资金。武昌起义爆发时，孙中山正带领两位洪门弟子在美国犹他州盐湖城边一个小城市的旅店内。10月12日，孙中山是从报纸上看到武昌起义的消息，当时他刚抵达科罗拉多州的丹佛城。经再三考虑后，孙中山认为自己的任务不在"疆场之上"，而在"樽俎之间"，决定暂缓回国，继续留下来，以图通过外交活动帮助革命政府赢得列强的承认，并获取经济上的支援。

10月22日，黄兴发来电报，催促孙中山立刻回国。按当时交通条件，从太平洋回国只需约十天，11月初即可到中国。孙中山回电表示准备先在外交方面进行活动，同时向各国借款，俟此问题解决后再回国。孙中山秘密请见美国国务卿诺克斯，诺克斯却未予回应。孙中山不愿放弃初衷，赶往纽约会见日本外交官。由于当时局势并不明朗，日本方面同样拒绝了孙中山的要求。

11月2日，有些失望的孙中山离开纽约坐船赴英国。11日到达伦敦，与早在此地等候的荷马·李及同盟会会员吴稚晖会合。孙中山在欧洲游说各国政要，企图获得列强对革命政府的贷款及外交支持。但是，孙中山的诸多努力并没有获得回报，英国外交部官员反应冷淡甚至暗讽孙为"喜说大话的政治家"。

一番良苦并没换来回报,孙中山到法国也没有收获,只得于11月24日离开巴黎启程回国。国内的黄兴、宋教仁等人已向国内发布了孙中山正在国外筹款的消息,以鼓舞士气,盼望着孙中山带着大笔巨款和外交成果回国,以向国内各种势力展现能力和影响力,便于顺利问鼎大总统之位。

虽然在外交、筹款上没有收获,孙中山在回国途中已在为组建新政府招集人才了。魏宸组、王鸿猷、马君武、黄子荫等留欧学生,就是在孙中山的邀请下,赶赴回国。这些人多在南京临时政府中担任要职。

1911年4月5日,孙中山在美国芝加哥召集同盟会分会同志会议,商讨黄花岗之役善后及再图起义等事宜

12月21日,孙中山抵达香港,由此结束了长达16年的流亡生涯。胡汉民、廖仲恺劝孙中山留在广东,不必去上海做"徒有虚名"的总统。孙中山则坚持北上赴沪,在南北对峙中,身当其冲,责无旁贷。胡汉民等人觉得"所见不如先生之远大,乃服从先生主张"。

25日晨，孙中山一行乘英国邮轮"丹佛号"驶抵上海吴淞口，同船到达的还有胡汉民、谢良牧、李晓生、黄子荫、朱本富、余森郎、朱卓文、陆文辉、黄菊生、陈琴舫及日本友人宫崎滔天、池亨吉、山田纯三郎、太田三次郎、群岛忠次郎、绪方二三，还有军事顾问荷马·李夫妇。孙中山的回国，一定程度上缓解了革命阵营的"领导缺位"危机，使得有些涣散无力的同盟会有了主心骨。

当时在南方阵营中分有派别，角逐主导权的有以黎元洪为代表的湖北革命派，有以张謇、程德全、汤寿潜等人为核心的江浙立宪派；另外，包括非同盟会员在内的各省革命党人以及少数立宪派或名流混杂而成的"各省代表会"也在新政权的形成过程中举足轻重。

图1 辛亥武昌起义胜利后，孙中山结束海外流亡生涯，启程回国。1911年12月21日，孙中山乘英国"丹佛号"邮轮抵达香港。在船上，孙中山除与前来欢迎的友人合影外，自己也留影纪念
图2 1911年12月21日，孙中山自欧洲返国途经香港时在船上与欢迎者合影

此刻，由立宪派所支持的南北和谈正在顺利进行，议和一旦成功，由"国民会议"表决国体，那么之后的形势将是无论清帝退位不退位，袁世凯都将获取大权。如果真是这样，作为革命先导的同盟会即将被迅速边缘化，这显然是孙中山、黄兴、宋教仁、陈其美等革命党人所无法接受的。

有鉴于此，陈其美、程德全、汤寿潜等人在汉阳兵败后力举黄兴为大元帅即有此考虑。

🔘 1911 年 12 月 25 日，孙中山抵达上海，在海关码头登岸

🔘 1911 年 12 月 26 日，孙中山在上海召开同盟会重要干部会议，商讨组织临时政府方案

不可否认，在革命党内部矛盾无法调和的情况下，也只有孙中山才具备出任临时领袖的资格与威望。但是，孙中山的当选"最高领导"，必须得到当时的临时权力机构"各省都督府代表联合会"通过。

三、各省都督府代表联合会

武昌起义成功后，独立各省为筹组临时中央政府而成立了各省都督府代表联合会（简称"各省代表会"），作为过渡性议政权力机构。该机构于11月15日在上海成立，起初由各省独立后成立的都督府派出的代表组成，后来未独立各省的咨议局也派出代表参加，由南方17省代表组成。

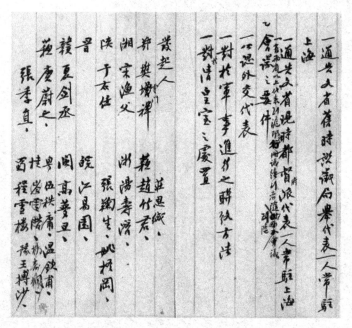

关于组织全国会议团的通告书

此后湖北军政府和江浙军政府之间开始为联合会所在地发生争议。11月24日，在上海的联合会决定迁到武昌开会，各省留一人在上海"联络声气，以为鄂会后援"。11月底到12月初，湖北、湖南、福建、江苏、安徽、广西、直隶、河南、浙江、四川等12个省的23名代表到达武汉。

11月30日，各省代表会首次会议召开，会议推举谭人凤为议长，并议决在临时中央政府成立前，以湖北军政府代行中央军政府职权，以鄂军都督黎元洪执行中央政务。12月3日，联合会通过了《中华民国临时政府组织大纲》，并议决如袁世凯反正，将推举袁世凯担任临时大总统。

《中华民国临时政府组织大纲》第十七条称：参议院未成立以前暂由各省都督府代表会代行其职权，但表决权每以一票为限。此后，联合会多次举行会议，议决武汉地区停战南北议和，接受袁世凯派代表唐绍仪与南方代表伍廷芳南北和谈，南方和谈条件为"推翻满洲政府、主张共和政体、礼遇旧皇室"。

12月4日，都督陈其美、程德全、汤寿潜邀各省留沪代表开会，暂时定南京为临时政府所在地，并选举大元帅、副元帅，推举大元帅负责组织临时政府。选举结果，黄兴得16票，当选大元帅，黎元洪得15票，当选副元帅。在武昌的各省代表得知消息后，表示不予承认，并由黎元洪致电上海撤销。

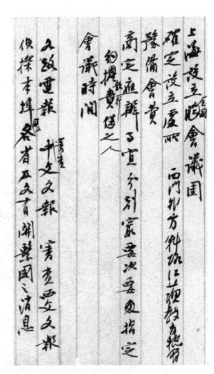

1911年11月，上海筹备全国代表会议的计划大纲。这次会议最终于上海西门外方斜路江苏教育总会举行，大会自定名为"各省都督府代表联合会"

南京光复后，沪汉双方代表一致同意定都南京。各省代表会的15省42名代表于12月14日聚集于南京开会。会议选址在江苏咨议局大楼，此楼于1909年开工建设，1910年落成。当年慈禧太后根据赴欧洲考察的清宗室载泽等五位大臣的建议，仿效君主立宪制，下诏预备立宪。1907年，各省筹设咨议局。1909年，江宁咨议局与苏州咨议局合并为江苏咨议局。清末状元、南通实业家张謇被推选为议长。张謇委派通州师范学校测绘科的毕业生孙支厦负责设计咨议局办公大楼。孙支厦受命赴日本考察行政会堂建筑，回国后，又汲取西方议会建筑特色，大胆摸索和探新，设计出了这幢具有法国宫殿式建筑风格的咨议局大楼。

12月15日，浙江代表陈仪报告袁世凯赞成共和，于是各省代表决定暂缓选举临时大总统。并承认日前在上海所奉之大元帅、副元帅，并将"组织大纲"增加1条："临时大总统未举定以前，其职权由大元帅暂任之。大元帅不能在临时政府所在地时，以副元帅代行其职权。"将"临时大总统"虚位以待袁世凯。

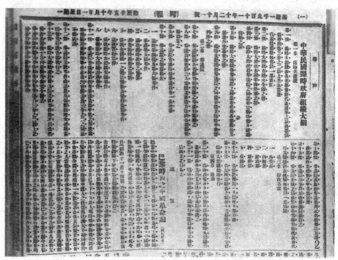

图1 1911年11月，全国各省都督府代表联合会在上海商讨组织临时政府
图2 1911年12月11日，上海《时报》刊载的《中华民国临时政府组织大纲》

以黎元洪为首的湖北军政府反对该决议，江苏、浙江军界反对黄兴任大元帅。12月16日，各省代表有大元帅、副元帅倒置的建议。17日，黄兴力辞大元帅之职，并推举黎元洪为大元帅，由黄兴组织临时政府。但是黄兴因为得知孙中山将回国，故没有赴南京任职。

到12月下旬，到达南京的有江苏、浙江、湖北、湖南、四川、广西、安徽、福建、直隶、山东、河南、江西、山西、陕西、广东、奉天、云南17个省44名代表。12月23日，黎元洪说受大元帅名义，并委任副元帅代行职务，使各代表不知所措。"临时政府"的组织一时难产。在得知孙中山将抵沪回国消息后，代理议长景耀月指定马伯援、王有兰、许冠尧三位代表赴沪迎接。

12月25日，孙中山抵达上海后，将大元帅、副元帅的问题悬而不议，决定于12月29日开选举临时大总统会。12月26日，"各省代表会"通电各省继续战斗，并推谭人凤、马君武、王正廷与徐绍桢会面，商议作战计划。"各省代表会"因孙中山的回国，一些悬而未决的难题迎刃而解，涣散无力的革命力量也有了主心骨。

1912年1月2日，各省代表会开始代行参议院职权，直到1月28日临时参议院正式成立，才完成使命自行解散。许多代表都当选担任临时参议院议员。

1911年12月25日，浙江都督汤寿潜等各省代表致黄兴信，述及各省代表会议决定黄兴暂摄大元帅职，并派顾忠琛等人迎接来宁

四、孙中山当选临时大总统

孙中山在上海日理万机,白天接见各路记者及各省名流的采访与拜谒,晚上则与同盟会的重要干部密会于寓所,就民国未来的走向、政制的设计、人事的安排展开讨论。在 26 日召开的同盟会干部会议上,商讨出组织临时政府的方案,决定先向各省代表示意选举临时大总统,成立中华民国临时政府,赢得各省代表同意。

12 月 27 日,孙中山会见"各省代表会"代表马君武、王有兰、许冠尧,商谈组建临时政府,双方会谈中就几个重大问题展开了讨论。有代表问:"代表团拟举先生为临时大元帅,先生之意如何?"

🖉 南京临时参议院院址。该楼原为江苏咨议局大楼,于 1912 年 1 月 28 日改为中华民国临时参议院院址

孙中山回答说:"要选举就选举大总统,不必选举大元帅,因大元帅在国外并非元首。"

有代表认为:"在代表会所议决的《中华民国临时政府组织大纲》,本规定选举大总统,但袁世凯的代表唐绍仪,在汉口试探议和时,曾表示如南方能举袁为大总统,则袁亦可赞成共和,因此代表会有决议此职暂时留待。"

孙中山回答道:"那不要紧,只要袁真能拥护共和,我就让给他。不过总统就是总统,'临时'字样可以不要。"还有代表认为:"这要发生修改组织大纲问题,俟回南京与代表会商量。"

总之,当时代表意见并不一致。孙中山态度坚定地要求选举临时大总统,并提议改用西历并在西历1912年1月1日(即辛亥年十一月十三日)就职,代表们认为兹事体大,须报告给代表会决定。

由于时间紧迫,马君武等三人当晚即启程返回南京。次日上午10点,

● 各省代表选举临时大总统后合影

三人在湖南路的江苏咨议局向"各省代表会"报告了与孙中山的谈话内容。各省代表经讨论后认为,"临时大总统"的"临时"二字不能去除,因为此刻南北尚未统一,正式宪法也未制定,正式总统自然无从谈起;至于改用西历一说,各代表争论颇久,直至马君武起而强调孙中山持论甚坚,"各省代表会"这才勉强通过。当晚,各省代表即举行选举预备会,以投票选出临时大总统候选人。

12月29日上午9点,各省代表在南京召开正式的临时大总统选举会。会议以汤尔和为主席,王宠惠为副主席,刘之洁为监选员,袁希洛为书记。

到会代表共49人,分别为:江苏陈陶遗、袁希洛、雷奋、马良;浙江汤尔和、黄群、陈时夏、陈仪、屈映光;湖北王正廷、马伯援、杨时杰、居正、胡瑛;四川萧湘、周代本;云南吕志伊、张一鹏、段宇清;山西景耀月、李素、刘懋赏;陕西张蔚森、马步云、赵世钰;安徽许冠尧、王竹怀、赵斌;江西林森、赵仕北、王有兰、俞应麓、汤漪;福建潘祖彝;广东王宠惠、邓宪甫;广西马君武、章勤士;奉天吴景濂;直隶谷钟秀;河南李盘、黄可权;山东谢鸿焘、雷光宇;湖南谭人凤、邹代藩、廖名缙、欧阳振声、刘揆一。关于到会代表人数,还有43、44、45人之说。

1911年12月29日,17省代表在南京选举中华民国临时大总统,孙中山以16票当选。各省代表均希望收藏选票。经参议院同意,江苏代表袁希洛以墨笔在长方形毛边纸上按原选票的格式抄写17份,补写题识,加盖参议院章之后交各省珍藏,此为"当选人"

1911年12月29日，17省代表在南京选举中华民国临时大总统，孙中山以16票当选。各省代表均希望收藏选票。经参议院同意，江苏代表袁希洛以墨笔在长方形毛边纸上按原选票的格式抄写17份，补写题识，加盖参议院章之后交各省珍藏，此为"候选人题名"

根据《中华民国临时政府组织大纲》第一条："临时大总统，由各省都督代表选举之，以得票满总数三分之二以上者为当选。代表投票权，每省以一票为限。"各省代表无论到会几人均为一省一票（17省即17票），投票不记名。参加选举的有直隶、奉天、山东、山西、河南、陕西、湖北、湖南、江西、安徽、江苏、浙江、福建、广东、广西、云南、四川17省代表43人。大总统候选人为：孙中山、黎元洪、黄兴。当场唱票选举结果，孙中山获得17张有效票中的16票，黄兴1票。孙中山当选为中华民国第一任临时大总统。

投票结束后，立即向世界各国、海外华侨、国内各地通报孙中山当选临时政府大总统，并致电各省都督府，每省派遣3名议员，到南京组织参议院，参议员未到之前，由本省代表暂留1至3人代行参议员职务。同时，各省代表会随即决定派议长汤尔和、副议长王宠惠赴上海欢迎孙中山来宁就职。

五、就职典礼仓促定在公历元旦

孙中山为何提议改用西历并在西历1912年1月1日（即农历辛亥年十一月十三日）就职呢？

中国古代对历法尤为重视，改朝换代之际，新王朝为了表明自己"应天承运"，必重定"正朔"。自汉武帝开始，皇帝登基即"改元"，数千年历史，以此相续。

辛亥革命成功后，湖北军政府成立，立即宣布"主权属于人民"，废除宣统年号，改为黄帝纪元。所有文告都用"中华民国军政府鄂都督"的名义，署"黄帝纪元四千六百零九年某月某日"，从而激发军民斗志，加速清政府统治的土崩瓦解。

黄帝纪年，是以传说中黄帝降生之年为黄帝纪元元年。黄帝纪元，是晚清学者刘师培提出的一种历史纪年法。刘师培（1884—1919），字申叔，号左庵，江苏仪征人。1902年投身于"攘除清廷、光复汉

用黄帝纪年的革命军功牌

族"的革命，撰写大量文章，口诛笔伐，成为著名的革命学者。他一度非常激进，自称是"激烈派第一人"。1903年8月，他署名"无畏"，发表《黄帝纪年论》一文，提出废除以帝王纪年的传统方式，采用黄帝纪年。他说，黄帝是中华民族的祖先，是中华文化的缔造者，"吾辈以保种为宗旨，故用黄帝降生为纪年"。在当时的历史环境中，刘师培的主张反映了资产阶级革命派的政治见解，以为可以激发汉族人的生存竞争意识，促进国家复兴。但事实上，黄帝纪年并不科学。

12月27日，孙中山在上海接见各省代表会代表时说："本月（农历十一月）十三日为阳历1月1日，如诸君举我为大总统，我就打算在那天就职；同时宣布中国改用阳历，是日为中华民国元旦。"孙中山决定学习西洋，采用阳历，改以民国纪年，以黄帝纪元四千六百零九年十一月十三日（即阴历辛亥年十一月十三日）为中华民国元年元旦。孙中山就任中华民国临时大总统的典礼因此定在了1912年1月1日。1912年因此被称为"民国元年"。

刘师培像

民国元年月份牌

各省代表会议通过了黄兴传达的孙中山的三点意见：改正朔用阳历；改为中华民国纪元；临时政府采用总统制。12月29日，各省代表举行选举会，孙中山毫无悬念地当选为临时大总统。各省代表议定就职地点设在南京的原清两江总督署内。

中外历史上，元首当选后，一般要过一段时间才举行正式就职仪式。1948年4月19日，蒋介石当选总统，就职仪式是在一个月后的5月20日举行的，距"行宪国大"闭幕也有20天时间。孙中山在12月29日当选临时大总统，三天后即举行就职典礼，为何这么急呢？

中华民国改元纪念章

孙中山就职宣传画

六、孙中山为何急于就职

以黄兴为代表的一批革命党人不愿意看到革命成果被袁世凯这样的非革命党人夺去，都认为只有孙中山才具有出任国家元首的威望。黄兴一边谦虚推辞，一边不断催促孙中山尽快回国。直到12月25日，浙江都督汤寿潜等各省代表还在上海给黄兴写信，述及各省代表会议决黄兴暂摄大元帅职，并派顾忠琛等人迎接来宁。可见"领袖缺位"的窘迫势态。

孙中山在回国途中，思想也有过起伏。这一方面是因为对国内形势不能及时、完全的了解，另一方面则来自西方列强的态度。孙中山本以为会得到列强在政治、经济方面的支持，在近乎一无所获之时，曾一度低迷，对于出任国家元首持消极态度。

孙中山当选临时大总统后的宣传画

历经磨难的孙中山在困难中依然保持超常的韧性，以博大的胸怀和高瞻的眼光对国内形势进行了客观准确的分析。回到国内时，他已信心十足地认为"革命精神"才是当时形势最为重要的财富。孙中山对于新政府的成立已在回国途中基本酝酿成熟。抢先组成共和政府，起码可以在政体表决前占得先机，甚至将"生米煮成熟饭"，使共和政府成为现实定论。

在各省代表会议选举临时大总统的同时，南北双方仍就"国民会议"问题在上海进行着和谈。29日，南北停战议和会议举行第三次会议，决议召开国民会议，以决定君主民主之国体问题。30日，举行第四次会议，决定国民会议组织、名额及召集办法。

12月30日各省代表会议决：“清内阁代表唐绍仪要求开国民会议一节，应由本会致电伍廷芳代表，请其答复唐代表：本月初十日（12月29日）十七省代表在宁开会，选举临时大总统，已足见国民多数赞成共和，毋庸再开国民会议。”但据次日的南北会议迹象，伍廷芳似乎并没有接到此通知。

12月31日，举行第五次会议，会议决定：“一、山西、陕西两政府派员会同前往申明和约；二、张勋屡次违约，且纵兵烧杀奸掠，大悖人道，唐代表允电达袁内阁查办；三、皖、鄂、山、陕各处，清军五日之内退出原驻防地方百里以外，只留巡警保卫地方，民军亦不得追袭，须由两方军队签字遵守；四、伍代表提议国民会议在上海开会，日期定十一月二十日（1月5日），唐代表允电达袁内阁，请其从速电复；五、上海通商银行日前收存南京解来银约一百万元，现在两代表拟定将此拨出银二十万元，交与华洋义赈会，为各处灾区义赈之需。”

社会上庆祝中华民国成立的纪念品

孙中山抢在"国民会议"召开前成立临时政府，对正在上海进行的南北和谈形成冲击。"国民会议"表面上是清廷和袁世凯用以解决国体问题拟召开的全国各省代表会议，南北双方达成共识尚需时日，孙中山却担心和谈会延缓对清廷的革命推翻。

孙中山当选临时大总统虽然不是全体公民直接投票选举产生的，但是由以南方为主的17省代表，根据一定的法律性文件，经过规范程序，以每省一票方式投票产生的革命阵营领袖，是中国历史上第一次自由公正地投票选举国家最高领导人。孙中山作为新成立的中华民国首任政府首脑，是中国历史上第一位共和政体的国家元首，具有划时代的非凡政治意义。孙中山当选首任临时大总统，奠定了中华民国成立的第一块基石，为中华民国临时政府的成立迈出了极为重要的一步。

就法理而言，"国民会议"的权威性肯定强于"各省代表会议"。南方抢先成立"临时政府"的目的就在于与清廷分庭抗礼，而孙中山急于就任"临时大总统"，目的也在于逼迫袁世凯将其视为平等的谈判对手，以便革命党在推翻清廷后更好地参与政治权力的再分配。

正是因为这个"抢"字，才是孙中山就职典礼简单仓促的原因所在。这使袁世凯认识到革命党已非昔日可比，民国已建，名正言顺，自己真的使用武力征伐，未必能获全胜；即使是取胜，北洋军也会实力大损。正是由于孙中山的仓促就任临时大总统，从而加速了清帝退位的步伐。换句话说，如果孙中山不果断就职，封建王朝结束以及民主共和的创立可能还要再等不少时间，并且其间不排除有意外发生。

1912年1月7日，檀香山火奴鲁鲁英文报纸关于孙中山的报导——《从农夫到总统》

七、孙中山当选后的社会反映

临时大总统选举结果揭晓后,在场军学各界与代表一起山呼中华共和国万岁,在随后响起的雄壮音乐声中齐声祝贺。紧接着,代表会议立即电告在沪的孙中山,祝贺他当选为中华民国临时大总统;又决议由各省代表具签名书,交正、副议长,到沪欢迎临时大总统来宁。

孙中山当选为大总统的电讯到达上海后,正在开会的同盟会员欢欣雀跃,黄兴当即领头高呼中华共和国万岁。孙中山得知自己当选后,亦激动不已,尽管这在意料之中。他立刻复南京代表会议电:"光复中华,皆我军民之力,文子身归国,毫无发功,竟承选举,何以克当?惟念北方未靖,民国初基,宏济艰难,凡我国民,具有责任。诸公不计功能,加文重大之服务,文敢不黾勉从国民之后,当克日赴宁就职,先此敬复。孙文叩。"

孙中山表示接受临时大总统之职,复南京代表会议电后,又以公仆名义致电各省都督。广西陆荣廷、王芝祥等军势实力派及国内团体,美国、南

◆ 1911年革命军占领上海后,各国以保护其公民和租界为由,大量增兵中国。图为外国军队行军经过上海南京路之景况

非、古巴、秘鲁、菲律宾等世界各地华人华侨纷纷发来贺电。

为了不致使局势逆转,孙中山特致专电给袁世凯,以推崇的口吻说:"公方以旋转乾坤自任,即知亿兆属望,而目前之地位尚不能不引嫌自避;故文虽暂时承乏,而虚位以待之心,终可大白于将来。望早定大计,以慰四万万人之渴望。"

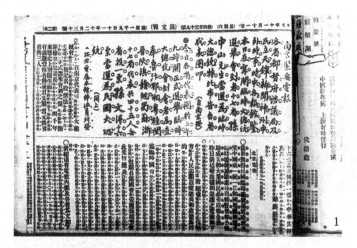

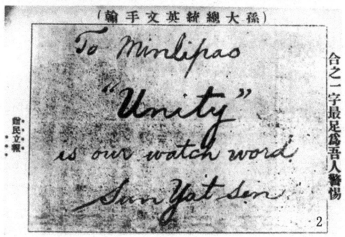

图1 1911年12月30日,上海《民立报》关于孙中山当选为临时大总统的报道
图2 1911年12月31日,《民立报》刊载的孙中山英文题词,意为《"合"之一字最足为吾人警惕》

将电文处理完毕,孙中山正要准备动身往南京时,汪精卫却匆匆前来劝阻他就任大总统,说:"袁氏听到南京成立民国政府、先生出任临时大总统消息后,意向大变。先生若出任大总统,和谈将可能中止,袁氏亦将迫唐绍仪辞职。南北双方大有化玉帛为干戈之势。"

孙中山听了,严正地说:"我已电告袁世凯,我将虚位以待,量局势不致如此。既已选举我为临时总统,我不可辜负十七省代表和民众之心意。只要袁氏有意共和,届时我将自动让位与他。"汪精卫见孙中山就任之意已决,怏怏告退而去。

印有孙中山像和"光复纪念"

沪、宁、江、浙及全国各地各届民众对于孙中山当选为临时大总统表现出欢迎和拥戴,对孙中山数十年坚韧不拔的革命精神、为民众服务的谦逊态度和平等精神更是敬佩。上海《民立报》及其他报刊上,载满了国内外各界团体和各地民众致临时大总统孙中山的贺电。安徽各界代表及军民万人在孙中山当选之日集会都督府庆贺,福州则举行万人提灯游行,南京、上海城内更是喜气洋洋,市民相率剪去发辫以示庆贺。尤其是南京,沿街各商铺居民皆备香花灯烛,以欢迎大总统。位于南京的原两江总督衙门,已装扮得焕然一新,大门口扎起了彩棚,大堂内点缀着五色彩灯,初步做好了孙中山就职仪式的准备。

美国国务院则表示:"对于革命党人急急忙忙企图建立一个共和国的行动感到某种忧虑。"《字林西报》撰文攻击南京临时政府是"独裁"和"寡头政治"。

八、典礼前夕决定增设副总统

按照武昌时期各省代表会所通过的《中华民国临时政府组织大纲》，南京临时政府只设总统一职。显然，在孙中山当选临时大总统后，这一规定对于曾被推举为军政府大元帅的黎元洪来说，已成为政治安排的障碍。为了妥善处理与武汉方面及黎元洪的关系，12月31日，也就是就职典礼的前一天，孙中山派黄兴专程到各省代表会，请求修改《中华民国临时政府组织大纲》。其要点有三：增加副总统之职；各部总长改为国务员；规定国务员副署权。

各省代表会会址

当晚9点，云南代表吕志伊、湖南代表宋教仁、湖北代表居正根据黄兴的意见提出对《中华民国临时政府组织大纲》修改的建议。各省代表会经过讨论，将第一条修改为"临时大总统、副总统由各省代表选举之。代表投票权，以一票为限。"另外，第五条、第十七条也做修改。临时政府对副总统的职权没有具体规定。显而易见，这个副总统之位是专为黎元洪所设。

当时，武汉、江浙、上海的革命力量在许多观点上并非完全一致，这在各省代表会的讨论表决中均有所表现，各方面政治、军事集团的"都督"们都想成为辛亥革命的引领者，都想把"中央政府"、"中央议会"建立在自己地盘之上。好在这些激烈的争斗，只是"文斗"，没有兵戎相见、自相残杀。革命阵营尽管内部存在分歧矛盾，但在表面上还是显得团结的，这主要得益于当时国人对西方政治制度的认识和接受。

各省代表会成为各方面政治、军事的革命力量谋求一致的重要平台，增设"副总统"就是宁、汉方面平衡的结果。还有些问题代表们意见不一，难以达成共识，其中就有是否将颇有搀阁才能的同盟会第三号人物宋教仁任职总理这一敏感问题。关于"内阁制"还是"总统制"的讨论，是会议后半程的热议，许多代表都有宋教仁欲争内阁总理的反感。

黎元洪戎装照

宋教仁坚持责任内阁制的一个重要的现实目的就是要限制大总统的权力。从当时的情形看，很大程度上还是存在着防范袁世凯的意图。因为当时革命党高层已经商定，如果清帝退位，袁世凯表示赞成共和，临时大总统的位置就要拱手让与袁世凯。宋教仁对袁世凯素无好感，不相信袁世凯真心赞成民主共和。而当时革命党唯一可行的办法，就是通过实行责任内阁制，使"总统命令，不特须阁员副署，并须由内阁起草，使总统处于无责任之地位，以保其安全焉"。当时，袁世凯成为总统几乎是迟早的事。若实行总统制，政权则掌握在袁世凯手中；若实行责任内阁制，政权将集中于内阁，革命党人还有机会通过议会竞选来控制内阁。

宋教仁坚持责任内阁制的另一个原因是想借此排除旧官僚在新政府中的势力。武昌起义后，宣布独立的各省有很多在旧官僚、立宪派人的控制之下。对此宋教仁很不甘心，在组织临时中央政府初期，他还采取措施试图削弱黎元洪的影响。他希望凭借责任内阁制，将中央政府的实际权力牢牢掌握在革命党手中。

1911年最后一天的"各省代表会"开到很晚，代表们都很疲惫，而且第二天还要参加孙中山的就职典礼，公议散会，提议修改但未及议决的一些决定改期再议，将这些悬而未决的难题留给孙中山。孙中山就职典礼之日休会一天。

在外国士兵的保护下，国际红十字会正在武汉长江边处理死尸

第二章
孙中山从上海到南京就职

孙中山从当选临时大总统到确定的就职日期只有三天准备时间。就职当天的早上，孙中山依然还在距离南京300多公里的上海。孙中山从上海赶往南京就任，可谓是风尘仆仆，如果当时交通上出现差池，就职典礼真有可能赶不上元旦，那么民国的开国日期就不是1月1日——这个一年之首的好日子了。

一、孙中山从上海启程到南京就职

12月30日,孙中山会见日本人士,宣布当选中华民国临时大总统,并在上海大同照相馆拍摄临时大总统就职典礼标准像。孙中山的许多就职准备工作,都是在上海完成的。

孙中山在上海拍摄的临时大总统标准像

12月31日,孙中山派黄兴赴南京,要求各省代表改用阳历,为使用中华民国纪元做准备。奉天省代表吴景濂在《组织临时政府各省代表会纪事》中有当年农历十一月十二日(公历1911年12月31日)的一段记录:"经决议:自阴历十一月十三日起,即阳历元旦,改用阳历,以中华民国纪元,称中华民国元年正月一日。"

1912年1月1日上午10点,孙中山从哈同花园住处出发,乘马车直驱上海北站。沪军都督陈其美、民政长李平书等人在寒风中已迎候多时。孙中山的随行人员有专程赴沪迎接的代表汤尔和、王宠惠、胡汉民、杨时杰、宋嘉澍及英文秘书宋蔼龄、拟任临时政府军事顾问的荷马·李等数十人。

欢送仪式十分隆重,孙中山一行到达车站时,军队已先期集结,按队排列,各团体也派出代表恭候,欢送人群超过万人。孙中山平易近人,与欢送者合影、问候。热烈的欢送仪式推迟了专列开车的时间。直到上午11点,专列才启动前往南京。

行前,孙中山就赴任南京交通座驾一事对陈其美说:"我辈革命党,全不采仪式,只一车足矣。"陈其美因而预备了专车,并且亲自护送孙中山赴宁。

据一些史料记载,沿途各站的迎送军民云集。过苏州车站时,"共和万岁"呼声响彻数里。至无锡,各女生数百人,整列欢呼万岁。有代表登车,大总统与之握手。常州、镇江的迎送人数也有不少。一路上,孙中山频频向大家挥手致意。专列走走停停,经过数小时车程,到达南京下关火车站时已经比计划要迟很多了。

孙中山到达南京下关火车站(后改名为南京西站)的具体时间,一些文章认为是下午5点钟。但根据当时客观条件,孙中山专列以不到6个小时的时间,从上海开到南京是难以实现的。

1912年1月1日上午,上海各界到火车站欢送孙中山赴南京就职,图为欢送现场。这也是现存孙中山就职前的最后一张照片

当时沪宁一线交通远非现在方便,沪宁线里程约300公里,一般火车车速为20至30公里,大大小小的车站有37个,加上停站时间,一般火车全程耗时约为12小时。专列的速度应快些,时速能达到40公里,但不可能全程保持此速。另据1928年沪宁线列车运行表,每天上午七点至二十三点对

开五趟,全程快车需七八个小时,慢车则要 12 个小时。而 1928 年火车的运行水平是强于 1912 年的。

但据《居正日记》载:孙中山上午 8 点从上海出发,下午 2 点到南京下关。关于孙中山抵达南京的具体时间记载不一,按孙中山专列从上海至南京行程应在 7 个小时以上推断,综合各种资料分析,孙中山抵达南京下关车站时,应在下午 6 点钟之后。

图 1　1900 年代初期的火车隆隆驶过常州
图 2　1900 年代初期的老火车

二、迎接孙中山仪式很简短

1月1日时值冬至后数日,加上当天阴雨,下午5点开始,天色就已渐黑。孙中山抵达南京下关火车站时天色已黑,夜幕已至。各炮台、兵舰均放21炮。欢迎仪式比较简单,只有徐绍桢等人迎接,远远不及上海的欢送仪式隆重。天色已晚只是表面原因,主要原因还是南京的革命基础还不及上海,以及与南京社会局面有关。

上海在1911年11月3日光复,孙中山的得力助手陈其美出任沪军都督,而南京在12月2日才光复。南京光复后,徐绍桢致电各省军政府并各报馆:"已将南京城光复,民军陆续进城,此皆群策群力所致,桢实无丝毫之力,善后诸务极繁,务求诸公推举都督以图长治久安。俾桢敛身归隐,没齿铭感。"

黄兴、宋教仁、章太炎以及沪军都督陈其美立即复电:"此间已公推程德全移驻江宁,为江苏都督,并推林述庆为出征临淮总司令。东南要人,本

1912年的南京下关火车站

党英俊，共表同情。德全即日赴宁，北征尤为重要。"上海总机关部便改举程德全为总司令，以徐绍桢副之。程德全自称无军事学识，通电力辞，但允许亲赴前敌抚慰各军。上海总机关部以军事紧急，电请徐绍桢以国为重，勉任其难，徐绍桢不得已，遂率联军向南京进发。

镇江都督林述庆

率先攻入南京的镇军司令林述庆与联军总司令徐绍桢都想当江苏都督，因此产生矛盾。但黄兴等众人觉得由前清江苏巡抚程德全出任更合适。后经宋教仁奔走得到同盟会领袖支持的程德全于12月5日晚从上海前往南京。

宋教仁也到南京协同调和诸军，说服手握兵权的林、徐两人，林述庆同意将行政权力移交给程德全。7日，程通电就任江苏都督，并着手组织都督府，以宋教仁为政务厅长。但不久宋教仁即回上海处理革命阵营选举大元帅一职的纠纷，而南京军队纷扰，饷源缺乏，林迟迟不能出师，继续控制南京地方权力，程德全难以履行江苏都督的职权。至12月9日，程也不得不离宁赴沪。

为了整顿南京秩序，12月15日夜，程德全再次偕同汤寿潜、陈其美赴宁，力图整顿混乱秩序，调和诸军，组织政府。张謇也于17日到达南京，目睹"客军纷扰，居民大恐"的局面，束手无策。程德全无法维持南京秩序，于18日愤愤离宁，重回上海，称病不出。革命军方面一时缺乏权威，无法整理南京秩序。

1912年1月1日，江苏省议会推庄蕴宽代理都督，接替程德全。可见江苏省的高级官员正处于新旧交接阶段，组织力度不够是迎接仪式以及就职典礼准备不够充分的主要原因。当时的南京城内还有张勋派来的散兵游勇滋事，街巷里还堆有死尸。据说，当时接到有刺客的密报，孙中山改变原定路线，由第二条路线进入就职现场。

据革命党人戢翼翘回忆："十一月十三日（公元一九一二年一月一日）孙中山先生自上海到南京就职，我和吴忠信等在下午四五点左右去下关迎接，结果未能接到，不知孙先生早在哪站下车了，大家只好回家。到家不久又接到通知，要我们晚上八点钟到制台衙门。我准时到达，才知道当晚中山先生就要就职了。"

革命军人上街为百姓剪辫子

徐绍桢与第九镇官兵

三、乘坐小火车至两江总督署

孙中山在下关车站只作了短暂停留，就换乘南京城内的"小火车"赶赴两江总督署参加就职仪式。

南京的小火车建于清末，当时下关至城内尚无汽车运营，交通仅靠黄包车和马车等。时任两江总督的端方，奏请清廷，动用藩库纹银四十万两，修建自下关至中正街（今白下路）的铁路。1907年10月动工，1909年通车营业，全长7.3公里，定名为"宁省铁路"，后又改称"江宁铁路"。南京人习惯称其为"小火车"。这条铁路不论是钢轨、轨距，还是机车、车辆，都和沪宁铁路设备并无两样，只因仅限在市内行驶、线路短、站间距离短，所以才有"小火车"之称。

林述庆攻克南京后，在两江总督署西花厅设"林都督行辕"

小火车走向为先东西后南北，贯穿南京，沿线设有江口、下关（今南京西站附近）、三牌楼、无量庵（后改鼓楼）、督署、万寿宫（后改中正街、白下路）六个站。其中督署站后更名为总统府站。

小火车在市内运行，每日数趟，从根本上改变了城南城北交通不便的状况，给南京市民和往来客商带来了极大的便利，乘一站仅十文钱，还可带货。这与当时主要交通工具马车相比，既经济又迅速，营业状况较好。

"迨总统花车附城站时，军乐齐奏。各营队皆双手举枪。驻宁各国领事亦在车站迎接，当时皆脱帽扬巾。各炮台、各军舰皆鸣炮二十一门，以表欢迎。"孙中山乘坐的小火车用花团装饰，沿途小站均停，以便民众瞻仰风采。

图1　临时大总统府大门
图2　建成后的宁省铁路督署站

据王有兰《迎孙中山先生选举总统副总统亲历记》，孙中山花车抵三牌楼站时，忽然见有疑似"洋兵列队，举枪致敬。不胜惊讶之余，注目视之，乃是林宗雪女同志所率之女子北伐队，因各队员均年轻女学生，皮肤白皙，军服整洁，宛如洋兵也，相与一笑"。林宗雪在辛亥革命时于上海建立"女子国民军"，与浙江革命军并肩作战，参加光复南京战役，是当时著名的女中豪杰。

孙中山在督署站下车，受到黄兴等人迎接，后转登一辆蓝色丝绸绣花马车，从两江总督署东门进入。当夜天色阴雨，寒风刺骨。

小火车大大缩短了孙中山的赴职时间，从下关车站至督署车站，估计耗时一个小时。

两江总督署东、西辕门

第三章
就职典礼

　　1912年1月1日,孙中山在南京就任中华民国临时大总统,翻开了历史新纪元。许多人认为这个民国的开国大典十分隆重,并在一些文学、绘画等艺术作品中均有所表现。其实,孙中山就职典礼并非人们所想象的那么隆重,而是简单又仓促。由于没有任何关于典礼的影像资料,这个典礼的许多细节至今是谜。

一、就职典礼差点改期

孙中山走下马车后,在黄兴、徐绍桢的陪同下与欢迎的代表、将领等文武官员握手致意。然后,孙中山到督署西花园西部的西花厅(宝华盦),用了简单的晚餐。

西花厅是前任两江总督端方赴欧美考察回国后所建,1910 年建成后是两江总督接待重要宾客的馆驿。这是一座仿法国文艺复兴风格的平房,其外墙多用红砖,内部仍是砖木结构。坐北朝南七开间,中为穿堂。这座中西合璧建筑是两江总督内最好的房屋了。

两江总督署位于南京城的中心位置,这里在六朝时期属宫城区域,在明代是汉王府,清初于此始建督署,开始成为两江总督署。1853 年 3 月,太平军由武昌顺江而下攻克南京,并定都于此,更名为天京。洪秀全在两江总督衙署原址上及周边大兴土木,以扩建成天王府,正式的称谓是"天朝宫殿"。天朝宫殿重新扩建,殿阙巍峨、壮丽无比。

摄于 1889 年的不系舟石舫

"天朝宫殿"不断加以营建,直到1864年天京被湘军占领,还未完全竣工。首先带兵入城的曾国荃下令烧毁天朝宫殿,"十年壮丽天王府,化作荒庄野鸽飞"。1870年,曾国藩在此重修督署,新督署内的房屋楼阁共1 189间,"极宏壮矣",大堂、二堂、东西厢房等建筑庄严气派。

西花园的最早建筑——不系舟能溯及乾隆年间,尹继善当年为了"迎接圣驾",特将江宁织造署(今大院南面)西部扩大为行宫,并把总督署西花园改为行宫花园,"窗楹栋宇,气势壮观","江南好,第一是行宫。辇路草长含晚碧,御衙花嫩发春红,驻跸记乾隆"。尹继善专门修葺石舫,得到乾隆的欣赏,认为有"江山永固"之意,亲赐石舫名曰"不系舟"。

孙中山是穿过西花园,到西花厅休息用餐的,看到这意喻"江山永固"的不系舟虽稳稳地立于太平湖中,而清王朝却即将土崩瓦解,孙中山真是振

摄于清末的西花园漪澜阁

奋。更令孙中山兴奋的是，这里还是洪秀全天王府的遗址。

孙中山幼时十分崇拜洪秀全的造反精神，曾自称为"洪秀全第二"，并认为洪秀全为"反清英雄第一人"。孙中山与洪秀全是广东同乡，两人都主张推翻清王朝的统治。孙中山从推翻清王朝到建立资产阶级共和国，就是对洪秀全建立农民政权的继承和发展。

能够在洪秀全的天王府遗址就任开创民国的临时大总统，历史是如此的巧合，孙中山对此很是高兴。虽然从早上开始，一路奔波，几乎都没有什么时间休息，但他一点没有睡意。冬日的夜晚阴冷灰暗、寒风刺骨，但丝毫不能影响到孙中山的高涨热情，多年奋斗终于就要迎来神圣的时刻。

因为准备仓促，加上孙中山抵达南京及总督署的时间也较迟，有人提议，就职典礼改在次日举行，但孙中山不顾旅途劳顿，坚定地要求不管什么困难，哪怕迟些都要赶在元旦当天举行。现在看来，如果孙中山当时不坚持，民国的"开国大典"就很可能不是元旦这天了。孙中山坚持元旦这天举行就职典礼，是经过深思熟虑的。

◎ 孙中山幼时听村里老太平军讲故事的雕塑

二、就职典礼没有准备横幅

与孙中山同样兴奋的还有许多人，他们早早地来到典礼现场，其中有许多都是"各省代表会"的代表。等候典礼的代表们没闲着，有代表提议，各人写下自己的籍贯和名字，用总统印章加盖纸上，留作永久纪念。大家都表示赞同，于是备好笔墨纸砚，大家忙着书写盖章。缺席人员，还可由好友代为书写盖印。看来，孙中山的临时大总统印章已提前使用了。

典礼开始前，孙中山到大堂环顾现场，发现就职典礼的氛围不够，若有所思地对身边的秘书张荆野说："我总觉得会场少了点什么。"张若有所悟地说："少了横幅吧！"孙中山说："正是！你赶紧写！"张荆野随即挽袖下笔，写下"吾大中华民国吉期良辰"十个大字，大堂左右立柱悬有同盟会纲领："驱除鞑虏，恢复中华；建立民国，平均地权。"这些可能就是主要的典礼会场布置了。

孙中山秘书张荆野

就职典礼连横幅都没有准备，可见典礼的仓促简单。同盟会中，人才济济，为何典礼的横幅由张荆野书写，这其中也有原委。张荆野是曾以八旗教习官入职紫禁城内苑，历任江苏候补知县，南京下关、泗州、北河口厘金局局长等职，后来受革命影响，加入同盟会。

张荆野职务不高，但善词章，书法更为著名，其精研"铁线文"，线条粗细十分均匀，安顿一一合乎法度，窥古人堂奥而自成一家，真草篆隶均有独到之处。书艺名重南北两京，当时两京求其书匾楹联者不绝于门。

京城名店莫不以有他题写的店名而倍感荣耀。光绪皇帝曾叫他入宫代笔，书写"海为龙世界，天是鹤家乡"赠予日本人。光绪皇帝尊称其为"荆野先生"，并赐砚两方。张之洞本为名笔手，也曾请张荆野到官署挥毫。许多人以得到他的字为荣，视为墨宝。张荆野本人也以此骄傲而有些自负，常以字赠挚友。张荆野得以书写典礼横幅一是因时间紧迫，二是以其自信自负性格使然。

1912年南京临时政府成立后，张荆野任大总统秘书，与孙中山先生过从甚密。当时张荆野妻子已去世，在家乡黄冈县又与一女子订婚，张的父母多次书信催促其回乡完婚，张因忙于国事，无暇回乡。孙先生得知后，立即要张荆野写信，接未婚妻来南京成婚。未婚妻来宁后，由中山先生证婚，举行了中华民国成立后的第一对文明结婚典礼。当时，总统秘书处送对联一副：开国纪元，孙总统主持婚礼；文明创首，张秘书缔结良缘。

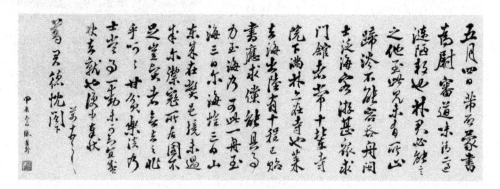

张荆野书法

张荆野题写就职典礼横幅后，更是名气大增。黎元洪、蔡锷都曾请他泼墨。可是，袁世凯向他求字却被他断然拒绝，可见其凛然正气。孙中山发动"二次革命"失败后，张荆野由南京回武汉居住。后来，他历任宜昌、青滩口征收局局长，四川督军陈宧的秘书长。1915年袁世凯复辟帝制，张即断然辞职返回黄冈故里，常作诗讥讽袁世凯称帝的丑态。1922年12月，张荆野病逝。

张荆野书写的扇面

三、就职场景没有留下任何影像资料

关于就职典礼的开始时间及场景，有多种说法。据许师慎所著《国父当选临时大总统实录》："是日，下午十时举行临时大总统受任礼，黄兴左立，徐绍桢右立，各省代表及各军政长官等排立两阶，孙中山入礼堂，众呼万岁！就位后，各部人员向总统行三鞠躬礼。各炮台鸣炮二十一发。大总统就任礼序如下：一、军乐，二、代表报告选举，三、总统誓词，四、代表致欢迎词并致印绶，五、总统盖印宣言，六、海陆军代表致颂词，七、总统答词，八、军乐。"

孙中山就职时的两江总督署大堂

许师慎生于 1907 年，江苏无锡人，毕业于江苏公立商业专门学校。1928 年后，历任中国国民党党史编纂委员会处长，监察院简任秘书兼发言人，总统府国史馆主任秘书兼纂修。孙中山就职时许师慎才 4 岁，没有参加典礼，其所述内容非其亲身目睹，其所编纂书籍以其公职身份带有官方色彩。孙中山的就职典礼因此"隆重化"了。当时的真正场景应以当事人所述为据。

据当时典礼参加者、革命党人戢翼翘回忆，孙中山当晚的就职仪式极其仓促简单，他看见"中山先生和胡汉民走进来，两人都穿着大礼服，戴大礼帽，胡汉民手拿文告，站在中山先生的身边。中山先生宣誓就职后用广东话演讲，我根本就听不懂。仪式很快就结束了，灯很暗，也没照什么纪念的相片。我们很奇怪为什么这样草率，第二天才明白原来是赶在这天改元，用新历"。

被誉为"辛亥革命三童子"之一的盛成，在1912年1月1日与孙中山同车从上海抵达南京，见证了当晚的就职典礼。据《盛成回忆录》中记载："那天天气虽然很冷，但大家情绪饱满，一点都不感到冷。记得在仪式上，中山先生还同我拉了拉手，我也说了几句话。整个典礼进行得庄重简单，因为那个时代是绝对禁止官僚排场的。"

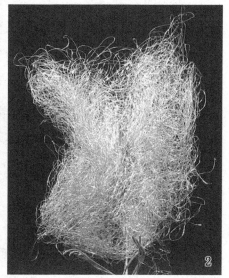

图1　现代人模拟使用上世纪初的镁粉闪光灯
图2　装入闪光灯的镁丝

从戢翼翘的"极其仓促简单"与盛成的"庄重简单"的描述，及当时政局氛围的分析，孙中山的就职典礼应是简单仓促的。就职地点曾被误认为是在西暖阁，而实际上应在大堂。

孙中山就职典礼何时开始，至今没有明确说法，晚上8点、9点、10点、11点，说法不一。根据推断，孙中山到达两江总督署时已是晚上7点多钟了，再经过休息，布置会场，等等，典礼正式开始时间应在晚上10点至11点之间，很可能不是整点。因为典礼的简单和仓促，而没能顾及整时整点的"吉期良辰"。如果当天沪宁线及南京城内交通再出现堵塞等意外，或有其他情况耽误，那么，民国的开国日期很有可能就不是1912年元旦了。

孙中山一生中的照片还是较多的，也有文字记载就职仪式现场是有摄影师的，但是就职典礼这么重要的场景却没有发现任何图片影像资料。这是什么原因呢？因为就职典礼是深夜仓促举行，准备不够充分，所以没有留下任何影像资料。

当时照相已非罕见，当晚就职典礼的相片也极具历史价值与意义，但目前似乎找不到这样一张场景照片，这不免令人感到有些遗憾。曾经有种说法是日本摄影师荻屋坚藏当时在场拍摄了相关影像，胶片现存于中央电视台新影制作中心。但是经查实后，此传有误。

据同盟会员袁希洛《临时大总统就职典礼见闻》记载："这庄严的典礼以在夜间的缘故，当时摄影记者未有镁光设备，不能摄一张照片，殊为可惜。"可见，没能留下影像资料是因为当时的闪光技术比较落后，并且还有一定危险性，所以没有拍摄。

摄影的闪光技术在18世纪末出现，1906年美国人乔治·希拉斯首次在摄影时使用了闪光灯，其原理是点燃镁粉与氯酸钾混合物发出强烈白光，这种方法延续了近半个世纪。一次性闪光灯（闪光泡）是德国人欧斯特·迈尔在1929年才发明出来的。当时的闪光技术比较落后，是在一个铁锅一样的东西里放镁粉点燃，通过爆燃发出亮光照射。拍照的人无暇顾及，镁粉得由专门的助手去点燃，有时候会伤到人，具有一定危险性。但是从上世纪初的一些夜间摄影作品来看，如果准备充分，是可以完成夜间拍摄的，避免留下遗憾。

刊登在 1906 年 7 月号《国家地理》杂志上的早期使用闪光灯在夜间拍摄的照片

由于没有影像资料，孙中山临时大总统的就任仪式场景具体是怎样，留下了许多悬念。以前专家认为孙中山就职典礼是在大堂后的西暖阁，现经多年研究，就职典礼确定是在大堂举行的。当时大堂的北部是封闭的，现在北部的墙体已经拆除，大堂、二堂由中轴长廊与后面的八字厅、麒麟门等已改造成全线畅通。

四、孙中山就职典礼的基本程序

孙中山的临时大总统就职典礼程序大致如下：奏军乐、代表报告选举情况、大总统致词、代表致欢迎词并颁发印绶、总统盖印宣誓、海陆军代表致颂词、大总统致答词等。

代表各省致辞的是各省代表主席、山西省代表景耀月，他说：

"今日之举，为五千年历史所未有，我国民所希望者，在共和政府之成立及推倒满洲专制政府，使人人享有自由幸福。孙先生为近代革命创始者，富有政治学识，经各省代表选举，今日任职，愿孙先生始终爱护国民自由，毋负国民期望。"

并请大总统宣誓。

孙中山站在台上居中位置，举起右手，左手持誓文，用浓厚的广东话一字一句宣读就职宣言：

"倾覆满洲专制政府，巩固中华民国，图谋民生幸福，此国民之公意，文实遵之，以忠于国，为众服务，至专制政府既倒，国内无变乱，民国卓立于世界，为列邦公认，斯时，文当解临时大总统之职。谨以此誓于国民。中华民国元年元旦，孙文。"

这段誓词一方面申明大总统的

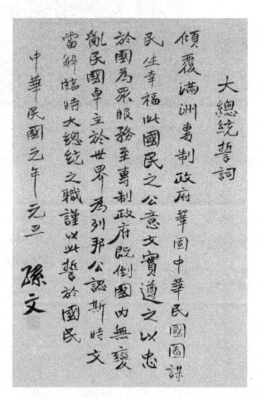

孙中山的大总统就职誓词

职责，另一方面，实际上是公布了孙中山卸任临时大总统的三大条件：一、清帝退位；二、国内实现和平；三、世界各国承认民国。给袁世凯接任民国总统，在"清帝退位"之外，又加了两个条件。

孙中山宣读完誓词后，全场掌声热烈。景耀月向总统致贺词，全文如下：

> 惟中华民国元年元月元日，民国第一期大总统孙文莅任。燕、辽、齐、豫、湘、鄂、秦、晋、苏、浙、皖、赣、闽、粤、蜀、滇、桂公民代表等迎迓祝颂而致辞曰：
>
> 惟汉曾孙失败，东南内侵，淫虏华夏，帝制自为者，垂三百年。我皇汉慈孙，呻吟深热，慕美利坚、法兰西平等之制，用是群谋众策，仰视俯划，思所以倾覆虐政，恢复人权，廷断头戬胸，群起号召，流血建议，续法、美人共和之战史。今三分天下，克复有二，用是建立民国，期成政府，拣选民主，推置总统。金意能尊重

孙中山就职宣言书

共和,宣达民意,惟公贤;廓清专制,巩固自由,惟公贤;光复禹城,克定河朔,举汉、满、蒙、回、藏群伦,共履于平等之政,亦惟公贤。用是投匦度情,征压纽之信,众意所属,群谋佥同。既协众符,欢欣拥戴。要知我国民久用钤制,疾首蹙额,望民主若岁。今当公轩车莅任,苍白扶杖,子女加额,焚香拥彗,感激涕零者何也?忭舞自由,敦重民权也。用是不吝付四百兆国民之太阿,寄二亿里山河之大命,国民所委托于公者,亦已重哉!继自今惟公翼翼,毋违宪法,毋拂舆意,毋作威福,毋崇专断,毋昵非德,毋任非才。凡我共和国民,有不矢忠矢信,至诚爱戴,轩辕、金天,列祖列宗,七十二代之君,实闻斯言。代表等受国民委托之重,敢不尽意,谨致大总统玺绶,俾公发号施令,崇为信符,钦念哉!

尔后,景耀月(另说有袁希洛、赵仕北等人)双手捧临时大总统印玺授予孙中山。孙中山双手奉受大总统用印,再交给胡汉民。胡汉民庄严地盖印于《中华民国临时大总统宣言书》上,以作宣言生效标识,并代孙中山宣读全文:

中华民国临时大总统印

中华民国缔造之始,而文以不德,膺临时大总统之任,夙夜戒惧,虑无以副国民之望。夫中国专制政治之毒,至二百年来而滋甚,一旦以国民之力踣而去之,起事不过数旬,光复已十余行省,自有历史以来,成功未有如是之速也。国民以为于内无统一之机关,于外无对待之主体,建设之事更不容缓,于是以组织临时政府之责相属。自推功让能之观念以言,文所不敢任也;自服务尽责之观念以言,则文所不敢辞也。是用黾勉从国民之后,能尽扫专制之流毒,确定共和以达革命之宗旨,完国民之志愿,端在今日。敢披沥肝胆为国民告:国家之本在于人民,合汉、满、蒙、回、藏诸地为一国,即合汉、满、蒙、回、藏诸族为一人,是曰民族之统一。

武汉首义,十数行省先后独立,所谓独立,对于清廷为脱离,对于各省为联合,蒙古、西藏意亦同此,行动既一,决无歧趋,枢机成于中央,斯经纬周于四至,是曰领土之统一。

中华民国临时大总统告海陆军士文

血钟一鸣,义旗四起,拥甲带戈之士遍于十余行省,虽编制或不一,号令或不齐,而目的所在则无不同,由共同之目的以为共同之行动,整齐划一,夫岂其难,是曰军政之统一。

国家幅员辽阔,各省自有其风气所宜,前此,清廷强以中央集权之法行之,遂其伪立宪之术;今者各省联合互谋自治,此后行政,期于中央政府与各省之关系,调剂得宜,大纲既挈,条目自举,是曰内治之统一。

满清时代藉立宪之名,行敛财之实,杂捐苛细,民不聊生,此后国家经费取给于民,必期合于理财学理,而尤在改良社会经济组织,使人民知有生之乐,是曰财政之统一。

以上数者,为政务之方针,持此进行,庶无大过。

若夫革命主义为吾侪所昌言,万国所同喻,前此虽屡起屡蹶,外人无不鉴其用心,八月以来,义旗飚发,诸友邦对之抱和平之望,持中立之态,而报纸及舆论,尤每表其同情,邻谊之笃,良足深谢。临时政府成立后,当尽文明国应尽之义务,以期享文明国应享之权利。满清时代辱国之举措,与排外之心理,务一洗而去之,与我友邦益增睦谊,持和平主义,将使中国见重于国际社会,且将使世界渐趋于大同,循序以进,不为幸获,对外方针,实在于是。

夫民国新建,外交、内政,百绪繁生,文自顾何人,而克胜此!然而临时之政府,革命时代之政府也,十余年来从事于革命者,皆以诚挚纯洁之精神,战胜所遇之艰难,远逾于前日;而吾人惟保此革命之精神,一往而莫之能阻,必使中华民国之基础,确定于大地,然后临时政府之职务始尽,而吾人始可告无罪于国民也。今以与我国民初相见之日,披布腹心,惟我四万万同胞共鉴之!

《中华民国临时大总统宣言书》由景耀月初拟,全文千余字,阐发了孙中山等革命党人对辛亥革命的理解，提出了建立共和政府的目标价值。这份纲领性文件充分反映了以孙中山为首的革命党人对国内外形势及其发展趋势的清醒认识和长远规划。该宣言书于1月5日全文颁布。

《中华民国临时大总统宣言书》宣读完毕后，又由徐绍桢代表陆、海军朗读孙中山临时大总统颂词，愿孙中山大总统不负四万万国人重托，统一中国，实现五族共和。颂毕，由孙中山致答词："当竭尽心力，勉副国民公意。"随由参会代表和海陆军人再声三呼中华民国万岁！礼乐再次响起。典礼结束后，孙中山将与会来宾送出大堂。

孙中山当晚发布《孙大总统通告海陆军将士文》，要求"海陆军将士，上下军人，共励初心，守之勿失，弗婴心小忿而酿阋墙之讥，弗藉口共和而昧服从之义，弗怠弛以遗远寇，弗骄矜以误事机，拥树民国，立于泰山磐石之安"。

孙中山和胡汉民都是广东人，讲的是粤语，难怪现场许多人都听不懂。这是就职典礼的又一个遗憾。

1月2日，孙中山发表通电：中华民国改用阳历，以黄帝纪元四千六百零九年十一月十三日为中华民国元旦。中华民国临时政府改用阳历，并以中华民国纪年。改变历法，在社会上引起强烈反响。因为突然，事先没有宣传过渡阶段，社会上许多行业都不适应。后因骤改历法恐引起商界结账不便，又以通电照会各处商会，通告商市，仍以2月17日即旧历除夕为结账时期。

五、简朴的临时大总统办公室

虽然中国历史上有"在官不建衙"之说,但孙中山及临时政府不建新楼,办公条件之简朴,则是因为当时政治、经济条件所迫。孙中山就职后,将西花园西头的西花厅作为"临时大总统办公室",名为办公室,在最初的一个多月时间,实为办公与住宿合二为一之用,可见当时条件的简朴和工作之繁重。西花厅是一座带着浓郁的法兰西风格的西式洋房,坐北朝南,七开间,亭形拱式门斗两旁是高大圆拱连成长廊,房屋中间为穿堂,兼做衣帽间。

穿堂西边的总长会议室由三开间打通而成,可坐十余人。长形方桌周边放着18张椅子,最顶头的位置是孙中山所坐的。当代著名画家陈坚的《孙中山与南京临时政府》油画放置在房间的西头。

孙中山临时大总统办公室全景

穿堂东边三个房间,分别为会客室、办公室和休息室。会客室兼做小型会议室,1912年1月21日的第一次内阁会议就是在此召开的,这里现在的摆设也是根据当时会议场景照片所布置的：一张会议桌，8把椅子。这令人难以相信民国初期的许多枢密要事都是在此商议的。办公室里有一张写字台，一把转椅，一个文件柜，一个书橱。休息室里面有一张床，当时虽是冬春季节，床上还挂着一顶绸帐子。屋里有个可在下面用炭基加热的桶，可用来烧开水，热水可通过桶边的水龙头流出。孙中山就职后的一个多月夜晚都是在这度过的。办公居住条件均十分简朴。

孙中山临时大总统办公室（今摄）

总长会议室（今摄）

临时办公室的东北角,也就是休息室的后面,有一间不到 10 平方米的小屋,南、西各有一门通到休息室和办公室。有史料记载,孙中山在临时政府成立之初,与胡汉民、吴稚晖等人因公务繁忙,而同居一室。从房屋结构来看,这些革命同仁,很可能就是在这个小房间或办公室将就休息的。

小会议室(今摄)

孙中山办公室(今摄)

后来,这间小房间用作传令官办公室。当时传令官有6人,传令兵有19人。总统府传令官是许德宽、许德惠、蒋汉臣、汤达等。山东籍士兵雷长端,是40名卫士中年龄最小的,因为个子小,又比较灵活,孙中山见到非常喜欢,于是给他改名"雷彪";后雷彪转任孙中山的贴身卫士,一直跟随至1922年。

至于传令人员的值班、休息室及总统办公室的附署、配套房屋的具体位置,因为年代久远,特别是1917年4月的一场房屋的大火,烧毁60多间,都有待考证。据考,孙中山临时大总统办公室的正南面,是作为秘书处的平房,现已按原样推断复建。

孙中山就任临时大总统后,有官员提出新建办公楼的建议,这在当时是难以实施的。一是财政相当紧张;二是孙中山所任的大总统是加"临时"二字的,"虚位以待"袁世凯的政治呼声依然存在;三是孙中山就任一个多月后,清帝退位,孙中山就已向参议院提出辞职,没有时间顾及新建建筑。

休息室(今摄)

🔴 孙中山后来居住的清末两层小楼

2月20日,孙中山原配夫人卢慕贞及子女孙科、孙娫、孙婉四人到南京,孙中山才将西花园东北角的一幢两层晚清小楼作为起居室,一家人在此团聚。起居室条件也很简朴。卢慕贞照顾孙中山生活,起早贪黑,洗衣做饭,十分辛苦。一家人饮食起居都很简单,粗茶淡饭,难怪子女们都说:"这里的饭菜还不如家里的好吃!"

六、就职典礼上的旗帜

就职典礼连横幅都没准备，其他装饰性布置也是简单的，但革命旗帜还是必须布置的，有人甚至认为还悬有万国旗。旗帜的悬挂布置值得考证。

清朝的龙旗

1911年武昌起义胜利后至1912年民国初立之间，全国各地使用的旗帜不统一。据冯自由《革命逸史：中华民国旗之历史》记载，主要有：兴中会所用之青天白日旗、同盟会所修订之青天白日满地红旗、共进会所用之十八星旗、上海光复后所用之五色旗、惠州陈炯明所用之井字旗，……其他还有白旗、九星旗、十九星旗、八卦太极旗、黄旗、十八星汉字旗等。南京临时政府建立后，鄂、湘、赣三省用十八星旗，粤、桂、闽、滇等数省用青天白日满地红旗，江、浙、皖及各省多用五色旗。

十八星旗又名十八星铁血旗，原是1907年8月成立的湖北革命团体共进会的会旗。1911年9月，在同盟会推动下，两个革命组织文学社和共进会召开联席会议，确定十八星旗为武昌起义中的指挥旗帜。起义成功后，中华民国军政府鄂军都督府（俗称"湖北军政府"）正式宣告成立，并使用十八星旗作为其政府代表旗帜。1912年1月10日，中华民国临时参议院通过决议，以五色共和旗（即"五色旗"）为国旗，以十八星旗为陆军旗，海军旗则是一种以十八星旗为基调的旗帜。不过北洋政府很快就停止使用十八星旗，以五色旗为陆军旗，以青天白日满地红旗为海军旗。

青天白日满地红旗是将陆皓东设计之青天白日旗置于红底旗帜的左上角，因由青、白、红三色组成，故又名三色旗，单就色彩而言，分别象征自由、平等、博爱之精神，以及民族、民权、民生之三民主义。若配合色彩的形状，青天则同时又象征中华民族光明磊落、崇高伟大的人格和志气；白日象征光明坦白、大公无私的纯正心地与思想，十二道光芒形同十二个时辰，勉励人民奋斗精进、自强不息，芒锋示意革命精锐，意味着民主自由光华四射，又象征着中华文化所传承的美德，即：礼、义、廉、耻，忠、孝、仁、爱、信、义、和、平的四维八德精神；而满地的红色则象征革命先烈的热血及牺牲奉献、勇敢奋斗的精神。

图1　孙中山亲绘的"青天白日旗"及说明
图2　孙中山设计中华民国原始国旗图的宣传品

据载:"(1911年12月)30日晚上讨论国旗问题时发生争执,(章)太炎先生主张用代表汉、满、蒙、回、藏五族共和的五色国旗,中山先生主张用三合会会旗,就是后来的青天白日满地红旗,双方相持不下,吵得脸红耳赤。经过宗仰法师和胡汉民等人从中调解,最终取得一致意见,决定暂时用五色旗作为过渡。"青天白日满地红旗由孙中山提议并推崇,1928年后被定为中华民国国旗。

五色旗是中华民国建国初期的国旗,但受到孙中山反对。此旗旗面按

图1 民国初年,印有五色旗和铁血十八星旗的纪念瓷器
图2 五色旗为底图的明信片
图3 临时大总统府前挂上了五色旗

顺序是红、黄、蓝、白、黑五色横长方条，表示汉满蒙回藏五族共和；但另有一说，指五色旗是根据清朝的五色官旗改变而成。而此五色也是五行学说代表五方的颜色。后来，日本在东北扶持的伪满洲国仍然使用与五色旗相同的五色。1925年，以中国国民党为首的国民政府在广州成立，定青天白日满地红旗为中华民国国旗。1928年北伐成功后完全取代五色旗。抗日战争初期，日军扶植的北平中华民国临时政府及中华民国维新政府曾再度使用五色旗，使五色旗上蒙上了傀儡政权色彩。

当时用旗虽然没有统一，但孙中山就职典礼上的用旗还是以五色旗及十八星旗为主。这从当时的一些开国纪念物品上，也可以看出。百年之后，孙中山就职时的一些纪念品已成为珍贵文物。那就职场地及临时政府遗迹保存得又是如何呢？

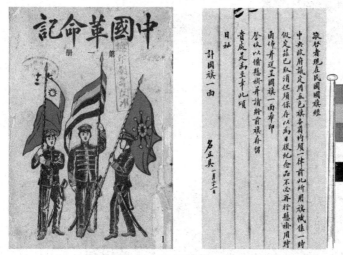
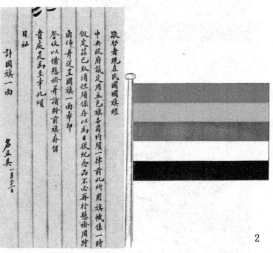

图1　1912年6月，上海自由社发行的《中国革命记》封面，反映出当时用旗情况
图2　1912年2月，海关关于轮船使用五色旗的函以及五色旗样图

七、就职典礼的场景再现

孙中山就任中华民国临时大总统，开创民国，是我国近代历史上的重大事件。由于没有影像图片，多年来，有多个艺术作品、人像模型再现了这个重要场景，在弥迷遗憾的同时，也人为化地将这个场景"艺术化"了。艺术作品可以用艺术手法表现，其中不乏虚构成分。我们在欣赏这些作品的时候，不能忽视历史的真实性。

陈列于广东革命历史博物馆的油画《孙中山就任临时大总统》，创作于上世纪末，是表现此主题的较早艺术作品，由于当时史料不足，画面充满着作者的想象力。室内灯火通明，前台上方悬挂的横幅只显出"就职典礼"四个大字，孙中山与黄兴、胡汉民、徐绍桢、景耀月、蔡元培六人站在前台，前台下参加典礼的人员密集站立。这个画面明显地将就职典礼"隆重化"了，并且地点不符实情。

《孙中山就任临时大总统》油画

"南京总统府"是当年孙中山就任临时大总统所在地,先后两次用硅胶像模型再现了这一重要场景。一是在原先的"革命的先行者孙中山"展览中,两江总督署(现总统府)大堂里灯光明亮,大堂前檐悬挂有横幅:"吾大中华民国吉期良辰",两边立有一对竖幅:"驱除鞑虏恢复中华"、"创立民国平均地权",均为蓝底白字。大堂两边并排斜挂着五色旗和铁血十八星旗,孙中山居中站立,黄兴、蔡元培、胡汉民及景耀月、徐绍桢分列两边,会场庄严肃穆,播放着激昂的《马赛曲》,孙中山等人表情严肃,略带疲倦,但神采飞扬。二是在后来的"孙中山与南京临时政府"史料展中将参加典礼要员人数扩充至14人,分别为荷马·李、王宠惠、蔡元培、居正、景耀月、胡汉民、孙中山、宫崎寅藏、宋教仁、黄兴、于右任、林森、黄钟瑛、徐绍桢。大堂中间用绳索悬挂有各色万国旗,两旁另有士兵、记者各两人。场景较前者更为隆重。

2006年,"南京总统府"内"革命的先行者孙中山"展览中的就职场景模型

著名画家陈世宁的《共和肇始》展示在"南京总统府"大堂,这里也是孙中山当年就职的原址。画面上孙中山居中而立,两边分别站立着蔡元

培、黄兴和林森、胡汉民、宋教仁,背景是孙中山临时大总统办公室和两面五色旗。

著名画家贺成与贺兰山创作的《共和之光》以艺术手法再现了就职场景,画面共有44人,孙中山居中举起右手宣誓,两边立有黄兴、胡汉民、蔡元培、徐绍桢、景耀月、林森、汤尔和、黄钟瑛、于右任、王鸿猷、陈锦涛、宋嘉澍、吕志伊、居正、马君武、宋蔼龄、王宠惠、魏宸组及荷马·李、宫崎滔天(寅藏)、小山雄太郎21人。画面上还有陆军代表、海军代表、民众代表、记者、军乐队员数人。

2012年,"南京总统府"内《孙中山与南京临时政府》中的就职场景模型

著名军旅画家陈坚创作的油画《孙中山与南京临时政府》以临时大总统办公室为背景,孙中山端坐中央,两边各站立14人,左右分别为:吴玉章、冯自由、宫崎寅藏、马君武、宋嘉澍、于右任、魏宸组、王宠惠、陈其采、宋教仁、庄蕴宽、蔡元培、黄钟瑛、王鸿猷及景耀月、黄兴、蒋作宾、胡汉民、林森、徐绍桢、居正、张謇、吕志伊、王正廷、陈陶遗、荷马·李、程德全、伍廷芳。画面上共有29人。

武汉辛亥革命博物馆内,有一组7个人的人物蜡像再现"孙中山就职典礼",孙中山站立中间,介绍文字中却只有6人的名字。胡汉民蜡像右手边的那位是谁?有人猜测是陈其美,有人猜测是蔡元培,也有人猜测是孙中山的一位秘书,也有人认为"加一个蜡像可能是为了让孙中山位于正中心,显得更加突出"。博物馆方面表示:这个没有标注的蜡像不是历史人物,而是根据史实创作的一位虚拟人物,用以代表17省的参会代表。

图1 《共和肇始》油画
图2 《共和之光》油画(局部)

○《孙中山与南京临时政府》油画

○ 武汉辛亥革命博物馆内的"孙中山就职"模型

这些艺术作品从某种角度都较好地表现了孙中山就职场景，也都留下了一个重要问题：参加孙中山就职典礼的到底有哪些人？

第四章
参加就职典礼的那些人

因为没有影像资料，所以就无法确定参加孙中山就职典礼的人物有哪些。从现存资料看，能够确定参加就职典礼的人并不多，其中还有些人凭推断是完全应该有可能参加的，但当事人却没有明确文字、口述记载。这可能也是由于就职典礼简单仓促所造成的。即便是参加典礼的当事人，在典礼中担当的角色，以及具体穿着、言行，都有待考证。

一、临时大总统孙中山

（1866年11月12日—1925年3月12日）

　　孙中山，1866年出生于广东省香山县（即中山市）翠亨村的农民家庭，名文，号逸仙，青少年时代受到广东人民斗争传统的影响，向往太平天国的革命事业，立志推翻满清统治，屡败屡战，斗争不懈。流亡日本时化名中山樵，故常以中山为名。是中国近代民主主义革命的开拓者，中国民主革命的伟大先行者，三民主义的倡导者。孙中山当选首任临时大总统，是革命力量的众望所归。

孙中山在上海火车站与众人的合影是就职前留下的最后一张照片

1911年11月，孙中山在回国途中，特地途经美欧多国，以求各国政府支持革命，特别是希望列强们能给予财政上的帮助，但收效甚微，没有取得任何的实质性结果。孙中山回到上海后，有革命党人认为经济上的困局可以缓解了，有记者直接问道："孙先生，你这次带了多少钱回来？"孙中山一愣，随后意气风发地大声道："予不名一钱也，所带回者，惟革命精神耳！"

孙中山穿着军装就职的艺术形象

当时的革命经费十分紧张。据胡汉民回忆，孙中山两手空空地就任临时大总统后，一次安徽前线军情告急，急向中央索饷，孙中山大笔一挥，拨二十万元救急。当总统府秘书长胡汉民手持总统批示，前往财政部提款时，发现国库之内，仅有银元十枚。经费紧张，也是就职典礼不可能隆重铺张的重要原因。

孙中山就职时的穿着也有待考证，是西装，还是中山装？其实根据孙中山在上海火车站的合影，这是他距就职典礼所拍摄的时间最近的一张照片。孙中山内穿军服，外罩深色大衣，头戴军帽。笔者认为，这就应该是孙中山就职典礼时的穿着。由于时间紧迫，孙中山也没必要专为典礼再更换衣服。即便是南京方面已备好了服装，但孙中山从上海出发时的着装就已经考虑到是就职典礼之用了。孙中山在南京临时政府期间，特别是初期，穿着军服的照片有不少。

孙中山就职时还佩戴有什么重要物品呢？2003年，有一位安徽农民张永魁找到总统府，拿出祖父张廷玉所传的一块金属章牌要求鉴定，说是孙中山就任中华民国临时大总统职时所玺绥其职掌国家权力的信物，名曰"银券丹书"，实乃国玺地契。他还指着孙中山先生就职后的一张照片上口袋露出的金属链，说当时的这银券丹书就在口袋内。在孙中山的上海欢送合影上，孙中山的深色大衣外面，明显佩戴着两枚徽章。"银券丹书"如果确有其事，

身着军装的孙中山在总统府内留影

那么就是极其珍贵的重要文物。

在 1912 年由上海自由出版社出版的《中国革命记》中《特别记事：中华民国临时大总统履任》一文中找到了关于"玺绶"的记载："谨致大总统玺绶，发号施令、崇为符物……"证明了"玺绶"的存在。为此，来自全国各地的 40 多位专家聚集北京专门召开了一次"中华民国玺绶专家论证会"，专家最后的意见是：这是一件罕见的、政治性极高的民国文物，是孙中山当年佩戴过的。此前，海内外从未发现过类似的文物。

就职后的孙中山

据张永魁口述："祖父张廷玉曾是孙中山的贴身侍卫，为人不苟言笑，有着一身好武艺。这枚'玺绶'是孙中山就任中华民国临时大总统时佩戴的玺绶胸章。1922 年，陈炯明叛变革命前夕，孙中山将一些重要文书及玺绶一起交给张廷玉，让他解甲归田，秘密保管这些东西。'东西全都放进一个红木箱子，藏在炕洞的夹层里。'可惜有一年发大水，家里全给淹了，纸质文件全都被毁，只剩下金属质地的'玺绶'。"此外，还有画卦法、数字互变法、书写见证法、拆字揭秘法、一加一乘二营法等等，用来解读"玺绶"，靠着一代代的口口相授才流传下来。

张永魁认为这"银券丹书"即国玺地契，里面蕴含了很多内容，像古代册封王侯的铁券丹书一样，都标明册封的领土范围。这个"银券丹书"，级别更高，标明了中国的领土范围。

"银券丹书"正面是中华民族传统的宫灯图案，上铸：沐邑、文明、八五、市市、恭颂 10 个字；反面是太极图案，上铸：中华民国十年第一师二旅四团二营六连 17 个字。中华民国十年，即 1921 年，孙中山 1912 年就任的时候怎么会佩戴 1921 年的东西呢？

　　张永魁解释这 27 个字时说："得用易学和我祖父流传下来的那些方法来解读。比如，中华民国十年第一师二旅，其实暗含着'1912'。这只是最表层的意思。27 个字的深层含义就更多了，包括中国与邻国如何划分国界，如何进行教育改革等很多内容。"对此，中国第二历史档案馆研究员蔡鸿源认为，张永魁的解读有一定道理。"孙中山、廖仲恺等人都精通易学和隐语。

"银券丹书"正面

"银券丹书"背面

当时的革命党人常常组织暗杀行动，互通信息时会使用大量隐语。"还有种说法，孙中山在海外曾加入"洪门"，这个神秘古老的地下组织，正是有一套非常严密的隐语，外人完全不懂。南京大学哲学系卢央教授用周易八卦推算，认为完全符合，但对于每一卦解读出来是什么含义，这本来就是见仁见智的事了。蔡、卢两位专家持相对肯定的观点，但这两人均已去世。也有专家认为，这只不过是一枚罕见的开国纪念章，至今没见过第二枚。

二、"同盟会二号人物"黄兴

（1874 年—1916 年）

黄兴生于 1874 年，字克强，湖南省长沙县人。是孙中山友情最深的革命战友，二人并称为"孙黄"。从同盟会成立历程可以看出，没有孙中山与黄兴的合作努力，就没有革命团体的大联合，也没有同盟会的成立。

1905 年，孙中山所建立的兴中会与黄兴所建立的华兴会等团体，在日本东京合并成立了中国同盟会。在同盟会成立会上，黄兴提议："公推孙中山先生为本会总理，不必经选举手续。"孙中山被推为总

● 黄兴像

理。曾有人劝黄兴取代孙中山任同盟会总理，黄兴则表示："革命为党员生死问题，而非个人名位问题。孙总理德高望重，诸君如求革命成功，请勿误会，而倾心拥护，免陷黄兴于不义。"黄兴是孙中山就任临时大总统的坚定支持者。

● 华兴会部分领导人（1905 年摄于日本东京）。前排左起：1 黄兴，2 未知，3 胡瑛，4 宋教仁，5 柳扬谷；后排左起：1 章士钊，2 未知，3 程家柽，4 刘揆一

辛亥革命后，南北交战，黄兴担起保卫武汉的重任，于10月28日抵武昌，被推为革命军总司令。黄兴后被初推为临时大总统，但并未接受，而是坚决推举即将回国的孙中山。孙中山回国后，黄兴专门到上海迎接，并与陈其美两人成为孙中山的得力助手。

黄兴在1911年12月29日各省代表会选举总统时得的一票为湖南代表谭人凤所投。根据居正回忆，谭人凤当时向居正耳语说："君为湖北代表，总统宜选黎元洪。"但谭在投票最后一刻受黄兴劝止，将票投给了黄兴。

革命党人集议孙中山出任大总统时，正在上海的章太炎则叫嚷"若举总统，以功则黄兴，以才则宋教仁，以德则汪精卫"，意在反对孙中山当选。他还散布"革命军起，革命党消"的谬论，引起一些人附和。这些言论受到孙中山严肃驳斥。

● 黄兴坐像

1912年，南京临时政府成立后，黄兴出任陆军总长兼任参谋总长，授大元帅军衔。章太炎则污蔑黄兴谋求权位，"欲谋总理"，"为求总理而变乱大计"。孙中山写信给章，说明黄兴曾被多次举荐军政要职都不允，更"乌有为总理之心"，请不要"操刻酷之论"。

可见孙中山对黄兴是绝对信任的。黄兴作为同盟会第二号人物，是孙中山的得力助手。在孙中山的就职场景的艺术表现中，黄兴是不可或缺的重要人物，一些细节都不容忽视，比如他的右手中指应是断的，还是完整的呢？

过去一般认为黄兴是在黄花岗起义中伤断手指，并因此与徐宗汉结下姻缘。但据曾任总统府侍卫长、留守府中校侍从副官的郭汉章回忆，黄兴的手指不是在黄花岗起义中所断,而是在总统府内。中华民国南京临时政府成立后,在总统府任卫队长的郭汉章随侍孙中山先生,不离左右,经常与任陆军总长的黄兴接触,并多次握手,并没有发现黄兴右手缺少指头,其左手亦是五指齐全。孙中山先生辞去大总统之职,黄兴改任南京留守,总统府改为留守府。1912年6月初,已值初夏,黄兴在办公室与蒋作宾及徐宗汉的两个弟弟徐少秋、徐老六(排行老六,名字不详)等人谈话,黄谈至兴奋时,离座起立,挥其右臂做手势,不意右手指误入旋转的电扇之中,手指断去半截,黄兴当即晕倒。郭汉章恰好在场,抢步抱住黄兴扶到沙发椅上。当时黄兴血流不止,面色惨白。急唤军医赶至急救,旋渐康复。事后,南京曾有民谣:"黄留守,守不住自己的手指头。"

1912年1月9日,孙中山、黄兴与陆军部人员合影

因此,黄兴在参加孙中山就职典礼时,手指并没有断。黄兴不但在留守府没守住手指,没多久时间即被袁世凯免职。宋教仁遇刺后,黄兴与孙中山政见产生不同。1914年春,革命党重要成员聚集在日本东京商讨应对国内

局势恶化的对策。孙中山认为党内组织涣散，行动不统一，要树立个人权威，将国民党改组为中华革命党，要求誓约"服从孙先生再举革命"并摁手印以示效忠服从。黄兴觉得"前者不够平等，后者几乎侮辱"，以养病为由离日赴欧美。临行前向孙中山表示对革命事业始终不渝。

1911年12月25日浙江都督汤寿潜等各省代表致黄兴信。述及各省代表会议决黄兴暂摄大元帅职，并派顾忠琛等人迎接来宁

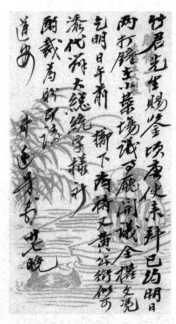

1911年12月27日南京议和总代表伍廷芳致函赵凤昌，函中述及已与北方约定28日开议，又提及为黄兴添上"代办大总统"一衔

南京政府成立前，各省代表团致黄兴的信

孙、黄两人的分别并不意味事业上的分道扬镳。黄兴在美国积极配合孙中山的讨袁斗争，从不谈及两人在改组革命党问题上的分歧。1916年6月8日，黄兴一回到上海就拜访了孙中山先生，两人相见亲切如故，召集同志商讨反对北洋军阀的策略。10月31日，黄兴因病去世。孙中山悲痛万分，撰写挽联、主持治丧，悼念这位同甘共苦的亲密战友。

三、"开国元勋"徐绍桢

（1861年—1936年）

徐绍桢，字固卿，1861年出生于广东番禺，系明中山靖王徐达第十四世孙。1894年乡试中举人，后提为广西藩署幕僚，江西常备军统领，福建武备学堂总办。1902年奉派至日本考察军事。1904年受李兴锐提拔，任两江总督衙门兵备处总办，负责编练新军。1907年，任新建陆军第九镇统制，驻军江宁城关。奏请创建征兵制，吸收知识青年加入新军。

1880年的徐绍桢

1908年，清廷举办"太湖秋操"，江南第九镇和湖北第八镇互为假想敌，结果人数少得多的第九镇获胜，徐绍桢名声大振，不仅获得慈禧接见、慰勉，还被提拔为副都统。徐绍桢并不是革命党人，甚至连立宪派都不算。他曾经上书朝廷，力陈忠君爱国思想，还极力主张先实行征兵制、后推行立宪。应该说，他此时还是想当一个好官，富国强兵，保家卫国。

徐绍桢对清廷的腐败同样痛心疾首，对手下兵士则呵护有加。他视察发现三营士兵龚士芳笔记本上有反满词句，仅劝退敷衍了事。第二年，张人骏要拿名声在外的赵声开刀，徐同样百般维护，最后赵声辞职脱险。徐绍桢又想当朝廷好官，又对革命党人手下留情，真是难以周全。张人骏等就怀疑徐绍桢有异心，故意扶持张勋的江防营。

1911年10月10日武昌起义爆发，周边省份纷纷独立，但南京仍被清廷牢牢控制。清廷对徐绍桢等严加防范，募集巡防营12个，使南京城的旧军编制有1.5万，超过了第九镇驻宁部队一倍多。两江总督张人骏逼徐绍桢将第九镇司令部迁往离南京城65华里的秣陵关，收缴了新军大部分弹药，还

徐绍桢戎装照

趁机拿走平射炮6门,机关枪6挺。将原驻扎在江北浦口的江防营总部调进了南京城。

新军和江防军,便成冰炭。第九镇革命官兵要求起义,却因缺乏子弹,难以动手。11月4日,两名满族军官以求见为名行刺徐绍桢,却未得手。忍无可忍的徐绍桢终于决定起义,并自任"江浙联军总司令"。此时第九镇弹药缺乏。刚从武昌赶来的革命党特使、前第九镇马标排长苏良斌和徐绍桢商议,从已经起义、拥有兵工厂的上海调拨子弹,苏良斌则潜入城中,联络巡防营、江防营中革命党为内应。

没想到百密一疏,驻守镇江的林述庆等人不满徐绍桢迟迟不响应起义,怀疑徐是"墙头草",竟截留了从上海运来的子弹,而沉不住气、又不知子弹没运到的苏良斌却于11月7日就放火行动起来。等第九镇匆忙开拔,赶到雨花台附近时,城里的革命党人已经死的死、逃的逃,江防、巡防营呐喊着杀出城来。弹药缺乏的第九镇无法用刺刀和枪弹对抗,只得一路退到镇江。

张勋

林述庆余怒未消,紧闭大门,宣称"徐绍桢没脸和我见面",这下惊动了宋教仁、陈其美等革命党首脑。他们在上海召开紧急会议,一致认为,此刻武汉三镇已经告急,攻克南京成了革命成败关键。关于江浙联军司令一职,在黄兴不可能出任的情况下,林述庆、程德全两人本是人选,但徐绍桢现既已起义,就必须信任、拥护他。

11月11日，宋教仁、陈其美等以沪军都督府的名义推举徐绍桢为江浙联军总司令，电请江苏、浙江两省都督府公认。徐绍桢从上海乘火车来到镇江，召集各方代表会议，组织苏浙联军总司令部，徐绍桢为总司令，顾忠琛为参谋总长，孙毓筠为军事参谋。短短十多天内，徐绍桢麾下集中了江南革命军的1.4万精锐将士。

江浙联军攻占紫金山

11月20日，徐绍桢发出命令，各路从速进攻，海军随同前进。25日，徐绍桢发起进攻南京之役，将司令部推进到南京麒麟门外白龙山，把紫金山上的天保城当做主攻点；浙军、粤军为左右翼，分别进攻幕府山、乌龙山；苏军为南路，进攻雨花台；沪军为总预备队；此时海军也已在武汉江面起义，闻讯赶来助战，革命军声势大振。

在徐绍桢的统一调度下，各部奋力前进。28、29日，乌龙、幕府两山先后被攻下；11月30日下

两江总督张人骏

午，林述庆率镇军第2标，同浙军2队、沪军义勇队以及粤军从钟山山麓，攀藤附葛，猛力冲锋；12月1日，天险天保城、雨花台被攻破。徐绍桢惟恐城内平民遭遇战祸，派人劝降，张勋拒不投降，徐绍桢下令在天保城架炮轰击。铁良、张人骏、张勋见大势已去，逃命而去。镇军林述庆部从太平门入城，苏军刘之洁部从南门入城，徐绍桢率联军总司令部从马群开拔入城。

12月2日，南京城光复，此时距离汉阳失守仅4天。南京的光复，化解了汉口、汉阳失守的不利，从武昌到上海，江南大片土地已全数成为革命军的地盘，清朝大势已去。徐绍桢虽不是革命党人，却为清廷覆灭、民国奠基，立下了决定性的功劳。南京之战结束后，南北对峙之局形成。

南京光复之初，镇军司令林述庆率部抢先入驻总督署，居功自傲，占据正房并在西花厅挂起"林都督行辕"；后入总督署的联军司令徐绍桢不与林计

徐绍桢戎装照

革命军占领南京紫金山

较，住进后进房屋。镇军乐队对林述庆进出站队奏号，对徐绍桢却不站队，不吹号。徐绍桢不久移驻江苏咨议局。

孙中山委任徐绍桢为南京卫戍总督的委任状

有人认为徐绍桢性格软弱，其实徐受程朱理学影响，看淡功名利禄，做事不露锋芒。正是因为徐绍桢的大局观，才保证了南京光复之初的团结和稳定。

12月25日，孙中山从海外回到上海。徐绍桢专门致电陈其美并转孙中山，盛赞孙中山并表示推举之意："我公艰难缔造，卅年如一日。黄帝降鉴，日月重光。公志大酬，民气复活，水源木本，全国镌恩。惟北房未殄，庶政无主，人自树兵，各思专阃，不谋统一，必至攫饷无得，浸成流寇神州，前途可惧孰甚。我公雄略盖世，为华盛顿替人。祖国明灯，非公莫属，当有善策，

徐绍桢晚年

以靖横流。桢拟抽暇晋谒明旌,藉亲宏论。谨掬悦服之诚,先表欢迎之意。"

1912年元旦,在孙中山就职典礼上,徐绍桢代表陆、海军致颂词。希望孙中山不负四万万国人之重托,统一中国,实现五族共和。有人说徐绍桢是任职仪式的司仪长,也有人说是景耀月。"司仪"是典礼中的重要角色,但因典礼的简单仓促,很可能在事先没有明确,主持词也没有充分准备好。如果说谁更接近于典礼中主持人角色,仅从现存史料及景、徐两人一文一武特点分析,景耀月的可能性更大些。徐绍桢作为军事官员,在典礼上代表陆、海军讲话,也是典礼中的重要角色。

● 革命军攻进南京太平门

1月11日,孙中山任命徐绍桢为南京卫戍总督,并特意谈到徐达和徐绍桢一先一后攻克南京立此大功,"如同一辙",誉徐绍桢为中华民国的开国元勋。孙中山希望徐能整饬军纪,恢复南京正常的社会秩序,维护临时政府的威信。

南京光复后,局势混乱。盘踞江北的清军经常过江窃取情报并进行暗杀活动,人心惶惶。南京城内民军数量众多,派系林立,良莠不齐。不肖之徒趁机抢掠。然而南京卫戍总督能够直接掌握的军队数量有限，所辖卫戍区域"地面旷阔"，"四通八达，行旅闹喧"，异常复杂。因兵匪抢劫之案层见叠出，社会秩序混乱，严重影响临时政府的威信，招致国内外舆论的广泛批评，也引起孙中山的高度关注。1月中旬，孙中山连颁总统令，命令徐绍桢等"速筹防范方法，转饬各军一体加意约束，以靖闾阎而肃军纪"，"责成各军司令以下将校切实奉行，以后各负其责任"。孙中山和社会各界对南京治安的严重关切，使徐绍桢倍感压力，急筹对策。他亲自挂帅，督办了几起重大案件的侦破工作，下令枪毙原第九镇军官苏良斌、崔瑛等。还和孙中山多次协商，颁布了《南京卫戍条例附质疑答复》《南京卫戍分区司令官条例》《卫戍总督府人员职掌》《卫戍总督稽查所章程》《卫戍总督及各军警告示》等法令，严申纪律，明确范围，落实责任。

民军占领南京天保城

孙中山给徐绍桢题写的"天下为公"

徐绍桢的努力，得到了孙中山的肯定，"前由贵总督严订条规，稽查约束，南京秩序较前略为恢复"。但由于种种原因，尽管徐绍桢殚精竭虑，大力整顿，南京治安仍未能从根本上得以好转。孙中山为此多次指示，临时参议院也频繁过问，但终归无济于事。

南京临时政府成立期间，徐绍桢与孙中山接触频繁。他陪同孙中山往祭明孝陵，出席南北统一共和成立礼、四川革命烈士追悼会、陆军部追悼先烈大会、粤中倡义死事诸烈士追悼大会、追悼江皖烈士大会等，在各部门为孙中山举行的各种饯别会上，亲自保卫孙中山的安全，同时聆听了孙中山的一系列重要演讲，加深了对孙中山的了解。

3月，中国同盟会本部在南京成立，孙中山等发起中国同盟会基本金募集，孙中山本人认筹31.6万元，徐绍桢认筹3.5万元。徐绍桢还经常与孙中山、黄兴等一起商讨国是，列名发起成立陆军将校联合会，要求设立国史馆，创设拓殖协会，实践三民主义。随着合作和交往的持续，孙徐之间互相了解日深，为今后的合作打下了基础。但毕竟双方认识接触的时间过短，徐绍桢当时并非孙中山最信任的人。

孙中山曾以八厘公债100万元巨款奖酬徐绍桢。徐绍桢提出1万元为女子北伐结束费，1.4万元为《民立报》补助费，其余一概交还，坚决不受。他还将南京的住宅献给国家，以清廉自勉。

袁世凯接任大总统后，对徐绍桢多方拉拢。徐绍桢始终不为所动。后来，袁世凯称帝阴谋暴露，徐绍桢辞职以示抗议，袁世凯竟派刺客前去行刺。徐绍桢被迫流亡日本，直至袁世凯病死才回国。后在孙中山广东军政府先后出任广州卫戍总司令、总统府参军长、广东省长、内政部长等职。孙中山逝世后，退隐几年。1932年复任挂名国民政府委员。1936年9月病逝于上海，终年75岁。

四、"山西代表"景耀月

（1881年—1944年）

景耀月字太招，生于1881年，山西省芮城县陌南镇人，出身贫苦，后入读太原令德堂，1903年中副榜举人。1904年秋，景耀月成为山西第二批官费留日学生，进入早稻田大学学习法律，后取得法学士学位。在日本留学期间，景耀月结识了孙中山、胡汉民等人，加入了同盟会。景耀月与景定成、谷思慎、赵世钰等人创办了杂志宣传革命，景耀月还与于右任等人发起成立了晋豫陇学会。景耀月主要在北方各省活动。后来，他还以上海为基地，多次往返于京津、华北、东北、西北各地，联络各地思想激进的人士，组建同盟会分支机构，为南北起义积蓄力量。

1909年，景耀月毕业返国，在上海与于右任创办《民呼日报》，后因于右任被官员诬陷下狱，《民呼日报》遭到查禁，景耀月遂奉同盟会总部之命，返回上海营救于右任。于右任被逐出租界，无法出面重组报社，景耀月便同范鸿仙等人另组《民呼日报》，景耀月自任总编辑，并在该报发表了许多文章。该报减少了对清吏的揭露，报载文章主要宣传抵制日货，揭露日本侵华阴谋，并认为日本帝国主义是中国的主要危险。此时景耀月已

景耀月

名声大噪，和景梅九并称"山西二景"。景耀月所办各报为中华民国成立前销行极广者。《民呼日报》刊行不久，报社即为清廷查封，景耀月被通缉，遂逃往日本，后又转赴越南。他联合革命同志，在西贡、河内等地建立了同盟会的分支机构，还与越南革命党人约定："先由安南（今越南）帮助中国

革命，再由中国援助越南独立。"

1911年武昌起义成功后，景耀月回国，策划山西起义，先以山西省代表的资格参加各省都督府代表联合会，并曾被举为该会代理议长，后担任南京临时参议院议员。南京光复后，江苏与浙江两省的民军内部发生矛盾，景耀月奔波于两军之间，多次进行调解，终于使两省民军化干戈为玉帛，共同朝着创立共和的目标努力。为表谢意，民军拿出5万元送给景耀月，他坚辞不受。

12月25日，孙中山回到上海，全国各界一致要求选举孙中山为总统。12月29日，17省代表齐聚南京，经推选组成了"组织中华民国会议"。才当选议长的浙江省代表汤尔和登台致辞说："我们这次革命，杀了这么多人，流了这么多血，这可怎么办？"并摊开双手，表示痛心。这时台下群情激愤，张继、马君武等喊道："革命有不流血的吗？世界上哪一国革命不流血？"随即，汤尔和被轰下台，景耀月被推举为各省代表会议主席，林森担任秘书长。

从孙中山回国到策划中华民国临时政府成立，事出仓促，百废待兴，无章可循。景耀月呕心沥血，日理万机，夜不成眠，妥善处理了不少事务。如正副总统的选举就职、临时政府组织法的草拟、内阁的组成等，都是景耀月等人在数日内仓促完成。就在孙中山就任临时大总统的当天，中外记者聚集在总统府，都想尽快向外界报道中华民国成立这一重大新闻。但总统就职宣言未曾准备妥当。情急之下，大家责成负责文秘工作的秘书长林森草拟。林森草拟的两稿均未获得代表通过。随后，在场的同志于右任、马君武、覃振、田桐等提议："还是请瑞星（景耀月的字）赶紧写一篇"，以应开国大典之急用。

景耀月来到一间侧室，上下几千年的历史在他脑海中涌现，革命的激情在他胸中激荡。他挥毫疾书，文不加点，一挥而就。宣言列叙民族、领土、军政、内治、外交、财政方针，提纲挈领，条理分明。此为中华民国成立之第一号重要文告。在场的同志传阅后，心中暗暗佩服，均表示赞同，孙中山也表嘉纳。

景耀月参与筹组了南京临时政府，草拟了临时大总统就职宣言，并参与制定了《中华民国临时约法》。在孙文就职大总统典礼时，景耀月以议长身份代表全中国人民向孙文授大总统玺绶并致授玺辞。景耀月被孙中山任命为南京临时政府教育次长兼南京法政大学校长，主持拟订了中华民国第一部民主教育法规。

1912年8月25日，中国同盟会等五团体正式改组为国民党，并在北京湖广会馆召开了成立大会，景耀月被推举为参议。景耀月后脱离了国民党，组织政友会，历任大总统府高等政治顾问、众议院议员、经济调查局参议等职。1917年，景耀月在山西、河南组织靖国讨逆军并被推任为总司令，反对辫子军张勋复辟。1922年第二次恢复国会时，景耀月仍任众议院议员。景耀月曾在1923年致函曹锟痛斥曹锟贿选，后又曾于1927年致书张作霖，劝阻其逮捕李大钊等中国共产党、中国国民党人士。

1928年北伐成功之后，景耀月离开政界，专研学术，执教于上海中国公学、北平大学法学院、东北大学等院校，时与黄季刚合称"北景南黄"。抗日战争爆发后，景耀月拒绝了山西日本当局令其出掌华北政权的要求，并参与创立夏学会，秘密进行抗日活动。1944年4月28日，景耀月在北京逝世，终年63岁。

五、"第二总统"胡汉民

（1879年—1936年）

1911年的胡汉民

胡汉民生于1879年，字展堂，号不匮室主，广东省番禺县人，家境贫寒，21岁中举人，1902年曾为代考枪手，获得酬劳后留学日本，1905年加入同盟会，担任评议部议员，任书记部书记、《民报》编辑，1909年任同盟会南方支部长。在孙中山领导的多次起义中负责筹饷运械工作。多次参加武装革命。"汉民"取意为不愿做清朝臣民，要做大汉之民。

1911年，广州"三·二九"起义前夕，胡汉民夫妇将女儿胡木兰托付给一位老人照料，考虑到随时有牺牲的可能，在一块布上写下了自己的名字、籍贯，缝在胡木兰的衣服上，表示了置生死于度外的勇气。

1912年元旦，孙中山就任中华民国临时大总统，胡汉民随侍左右，并出任临时政府总统府秘书长，当年仅33岁。章太炎说："临时政府成立以来，宪法未定，内阁既不设总理，总统府秘书官长，用真宰相矣。"胡汉民与孙中山为了便于公务，同居一室，夜以继日地工作，人有"第二总统"之称。

胡汉民和廖仲恺是孙中山的重要助手，特别是胡汉民经常过来请示汇报。孙中山对于那些没能完全按照自己要求所做的事情，也予以理解，大多点头表示认可。孙中山"乐取于人以为善"，不必全照

早期的胡汉民

己意，对胡汉民充满着信任。

孙中山推荐胡汉民担任广东都督，并说："胡汉民先生为人，兄弟知之最深，昔与同谋革命事业已七八年，其学问道德均所深信，不独广东难得其人，即他省亦所罕见也。……迹其平生之大力量、大才干，不独可胜都督之任，即位以总统，亦绰绰有余。"对胡汉民评价甚高。

民国初立，新旧思想碰撞，还出现不少趣事。有对来自浙江嵊县的尹锐志、尹维峻姐妹，在南京光复战役中组织女敢死队，号称"女子荡宁队"数十人，抵达前线积极要求参加战斗，因作战英勇，得到徐绍桢夸奖。南京临时政府成立后，因为光复会、同盟会之间的矛盾，属于光复会的尹氏姊妹觉得受到冷落。她俩赶到南京临时大总统府大吵大闹。胡汉民不堪其烦，答应任命二尹为"总统府顾问"。据说尹氏姐妹还成为孙中山的贴身保镖，与秋瑾并称为"中国近代女界三杰"。其实总统府顾问只有章太炎、张人

胡汉民签名照

杰等人，这个任命应是胡汉民为随机应付了事的，可见胡汉民的事务繁多。

1912年4月，胡汉民随辞职后的孙中山回到17年未有踏足的广州，受到上万群众热烈欢迎。胡汉民担任广东都督兼民政长期间，根据孙中山"造成一模范省"的指示建设广东。

胡汉民是孙中山的忠诚追随者，二次革命失败后，随孙中山在日本成立

中华革命党，后随孙中山在广东活动，先后任交通部部长、总参议等职。在1924年中国国民党第一次全国代表大会上，被孙中山任命为五人大会主席团之一，并获选中央执行委员。

孙中山曾对人说："余与汉民论事，往往多所争持，然余从汉民者十之八九，汉民必须从余者十之一二。"1924年11月，孙中山决意北上，让胡汉民代行其大元帅职权，可见他对胡汉民是愈来愈信任。

孙中山去世后，胡汉民在政治上不是汪精卫、蒋介石的对手，先后出任广州国民政府外交部长及南京国民政府立法院院长等职，两度被迫出国考察。1936年1月，自欧洲返国，留在广州，同年5月12日病逝，终年57岁。

尹锐志、尹维峻姐妹蜡像

六、"教育总长"蔡元培

（1868年—1940年）

蔡元培

蔡元培于1868年出生于浙江绍兴，字子民，少年时曾在绍兴古越藏书楼校书，得以博览群书。1889年中举人，后中贡士、进士，授翰林院庶吉士，1894年补翰林院编修。甲午战争后，开始接触西学，同情维新。

1898年戊戌变法失败后，蔡元培看到清政府杀害了自己所崇拜的谭嗣同，深感清廷政治改革"无可希望"，断然离开翰林院南下，任绍兴中西学堂监督，提倡新学。1902年，在上海与章炳麟等发起成立中国教育学会，并担任会长。同年，到日本留学，因为中国学生遭受无理压迫，愤而伴送被放逐的吴稚晖等归国。

1902年初，蔡元培发起创办爱国女校，提倡民权，倡导革命。1904年冬，蔡元培与陶成章、龚宝铨等在上海建立光复会，并被推为会长，密谋武装起义。次年加入同盟会，藉学校和报纸培植革命力量。后赴德意志帝国留学，与李石曾、张静江、吴稚晖等人相交颇深。

1911年10月10日，辛亥革命爆发，捷报传到德国时，蔡元培即于18日夜致函吴稚晖，告以留德学者的印象。蔡、吴两人分外激动，频频通信，相互转告这一好消息以及讨论将如何采取相应的革命行动。蔡元培从莱比锡到柏林，访当时在柏林的中国留学生，与他们集会演说，声援武昌起义，希望革命早日成功。同时还致信孙中山，准备为革命军在德国购买枪炮，以作攻北京之用。11月中旬，在陈其美的催促下，取道西伯利亚回国，该月下旬到达了上海。

蔡元培参加了孙中山的就职典礼,后在南京临时政府中就任教育总长,随即投入了确立新的教育法令、制定新的学制体系、建立新的教育秩序的繁忙的工作中。清帝退位后,孙中山委派蔡元培率领专使团,北上迎接袁世凯南下就职。

1911年11月4日,英国莱姆豪斯的中国革命俱乐部年轻人收到革命消息时的水彩画

蔡元培后来在北京政府唐绍仪内阁任教育总长,主张教育应从造成现世幸福出发,提出废除读经等改革措施,摹仿西方资本主义教育制度。不久因不满袁世凯的专制统治辞职携眷赴法,与李石曾等人创办留法勤工俭学会。1916年冬回国任北京大学校长,支持新文化运动,提倡学术研究,主张"思想自由,兼容并包",实行教授治校。"五四"运动中支持学生爱国行动,多方营救被捕学生。

蔡元培因在教育界的影响及革命经历,在1924年国民党"一大"上当选候补中央监察委员,"二大"后一直是中央监察委员。1927年,作为"民国四老"之一,是蒋介石"反共清党"定都南京的有力支持者,后出任国民政府首任监察院长,并担任国民政府常务委员、大学院院长、中央研究院院长等职。

蔡元培的北大校长委任状

1930年中原大战后,蔡元培渐渐看清蒋介石独裁的本来面目,参加赶蒋下野的和平运动,除中央研究院院长外,辞去所有本兼各职,"去意早决,万无反顾"地携家赴沪。1932年,蔡元培与宋庆龄、鲁迅等发起组织中国民权保障同盟,积极开展抗日爱国运动。1936年,蔡元培与陶玄、张静江、李石曾等人在上海创办世界学校,实行教育救国和科学救国,1940年3月5日在香港病逝,终年72岁。

蔡元培晚年

七、"军事顾问"荷马·李

(1876年—1912年)

荷马·李

荷马·李英语名为 Homer Lea,又译李何默、荷马里,美国人,1876年11月出生于美国科罗拉多州丹佛。他因患有脊椎侧弯而严重驼背(另一说是出生时健康,但婴孩时因掉落后撞到壁炉的石头而导致驼背),身高只有160厘米,重约100磅,视力也不佳。但立志成为军事家,曾入西点军校,不久因健康理由遭到开除,后来进入斯坦福大学读书。他饱读世界军事名著,应康有为邀请来中国训练"保皇军",封为"大将军"。

1904年,孙中山在美国加利福尼亚州宣传革命,在一场演讲会上,看到了这个驼背、个子不高的美国人。两人相谈甚欢,孙中山觉得荷马·李正是他所需要的军事人才,他当下对荷马·李说:"等我革命成功后,礼聘你当军事顾问。"荷马·李更豪爽,回说:"现在你任命我,你就一定会成功!"荷马·李当年不仅支持孙中山的革命,还加入同盟会,大家给了他一个"聪明的怪人"绰号。

荷马·李对中国资产阶级民主革命最主要的贡献,是为孙中山在欧、美各地筹款。他是一位非常有魅力的演说家,每次演说,他总是穿着那套大清官服,吸引好奇的西方听众。这些筹款的演说,也增加了他在北美和欧洲的知名度。荷马·李还带领一队革命军参加起义,失败后又回到美国的加利福尼亚州老家。

起义失败并没有使荷马·李对中国革命的热情减弱。1908年,荷马·李构想出大胆的军事冒险红龙计划,准备革命征服中国南部两广地区。

他与一些美国商人和容闳密谋，想要通过容闳争取中国南方各种派系和秘密会社，形成统一战线组织一支军队，由他指挥革命。革命成功之后，由容闳领导革命力量的联合政府，而他和他的共谋者希望在新政府获得广泛的经济利益。红龙计划最初想由容闳透过他的学生唐绍仪争取袁世凯，但是唐绍仪拒绝了。

1910年3月广州起义失败后，孙中山在美国洛杉矶附近的长堤与荷马·李等人协商一项大计划，准备发动更大规模的起义行动，这就是事后震惊中外的1911年3月黄花岗起义。当时荷马·李也想帮助孙中山在美国筹募350万美金的革命经费。荷马·李认为，财政、军事必须一举成功，他建议孙中山不能光打游击战，必须集中力量，毕其功于一役。

1911年辛亥革命成功后，荷马·李在伦敦听到革命军推翻满清政权的消息，便和当时在法国的孙中山到马赛会合，同乘英国邮轮前往中国。荷马·李在孙中山抵英前，已在伦敦积极活动，寻求支持。荷马·李提醒孙中山要提防日本侵略。

荷马·李不但跟随孙中山出席参加了临时大总统就职典礼，还被孙中山任命为临时政府首席军事顾问。不久，荷马·李因中风被迫回到美国，在1912年11月1日病逝，享年35岁，下葬时仍身穿中华民国的将军服。

荷马·李生前所著《无知之勇》（*The Valor of Ignorance*）一书中预测日本将发动太平洋战争。书中提醒美国须注意危险最大的国家是日本，并判断日本会从海上攻击美国。

八、"山田良政之弟"山田纯三郎

（1876年—1963年）

山田纯三郎生于1876年，日本青森县弘前人，是三洲田起义烈士山田良政的弟弟。山田良政于1900年10月随孙中山指挥深圳三洲田起义时英勇就义。孙中山获悉噩耗后，非常痛心，称"此为外国志士为中国共和牺牲者之第一人也"。

山田纯三郎

山田纯三郎是日本间谍组织东亚同文会成员，决心继承兄长的事业，后来一直追随孙中山参与中国革命，而孙中山也因良政的关系，对纯三郎爱护有加。并赠予"同舟同济"四个大字。

1912年1月1日，孙中山宣誓就任中华民国临时大总统。山田纯三郎作为特邀代表参加就职盛典。民国成立后，山田纯三郎接受孙中山之托，任上海民国日报社长等。

1913年2月11日孙中山赴日本考察，曾宴请山田良政父母及妻子敏子，慰问有加，并题赠"若吾父"横额。27日，孙中山在东京下谷区谷中初音町铁舟寺为山田良政建立纪念碑，碑文为："山田良政君，弘前人也。庚子闰八月，革命军起惠州，君挺身赴义，遂战死。呜呼！其人道之牺牲，亚洲之先觉，身虽殒灭，而其志不朽矣。"

二次革命失败后，山田纯三郎取代宫崎滔天，成为孙中山与日本朝野的联络人。他在上海法租界萨坡赛路（今淡水路）14号的住宅也成为革命党人的活动据点。1916年5月18日，陈其美在山田纯三郎家遭到袁世凯派遣的特务暗杀。

1918年7月28日，孙中山又在上海为山田良政举行追悼会并亲书"丹心千古"挽额。8月,孙中山又派朱执信到惠州三洲田地区寻找山田良政的遗骨,"寒烟荒草,未竟其志,只得一抔黄土而归"。9月,山田良政之弟山田纯三郎到广东,携朱执信带回之土回故里,归葬弘前祖坟旁。

1918年孙中山南下广东建立政权时,山田纯三郎曾出任广东日报社长等职。1925年3月,孙中山临终时,山田纯三郎是唯一守侍在旁的日本人。

孙中山逝世后,山田纯三郎寓居上海二十多年,从事文化事业,曾任上海《江南晚报》社长,日文版的上海《每日新闻》、

孙中山与山田纯三郎

上海江南正报社长及上海日语专修学校校长及上海杂志社社长,上海大东学院院长等职。此外,他还致力于保存和整理中国革命史料的工作。1948年12月,山田纯三郎回国定居。1963年在东京逝世,终年87岁。

图1 1924年11月25日,孙中山在神户与前来拜访的头山满长谈话。图为谈话后合影。前坐左起:大久保高明、孙中山、头山满;后立左起:山田纯三郎、戴季陶、李烈钧、藤市尚则

图2 山田纯三郎赠邹鲁签名照

九、"政治顾问"宫崎滔天

（1871年—1922年）

宫崎寅藏像

宫崎滔天本名寅藏，1871年出生于日本玉明郡荒尾村，其父宫崎政贤是一位乡士。滔天与其兄长宫崎八郎、宫崎民藏、宫崎弥藏四人，合称为宫崎兄弟。宫崎兄弟自幼跟父亲学习从山东家传来的剑道刀法。后来，他求学于东京专门学校（今早稻田大学）。在学校中滔天第一次接触自由民权运动的思想，并由此开始关注亚洲的革命运动，同一时期皈依基督教。

1891年，宫崎滔天初到上海，本打算同岩本千纲一起，开始着手暹罗殖民计划。失败回国后，他接到外务省的任命，被派去调查中国秘密结社的情况，从而开始了与中国革命党人的联系。1897年，宫崎滔天结识了孙文，将孙文英文著作《伦敦蒙难记》译成日文，从此以后开始为中国的革命运动提供帮助。后来，中国的革命运动遭受挫折，滔天心灰意冷，拜桃中轩云右卫门为师，做了一名浪曲作家。但他始终不忘革命事业，一直为同盟会的成立奔走效力。

1898年，宫崎滔天同戊戌政变后逃往香港的康有为一起，回到日本。1900年，袍哥会、三合会及兴中会三派联合发动惠州起义。宫崎滔天前往拜见在新加坡的康有为，劝说其改保皇转而支持孙文革命。却与康有为冲突，而被指控为刺客，受到警方追捕。宫崎滔天随后逃往香港。

1902年，宫崎滔天发表自传《三十三年之梦》，随即"风行天下，人人争看，竟成鼓吹革命之有力著述"，滔天之名始盛。书中之孙文序（原为日文）赞之云："宫崎寅藏者，今之侠客。识见高远，抱负不凡，具怀仁慕义之心，发拯危扶倾之志。日忧黄种陵夷，悯支那削弱。数游汉土，以访英贤，欲建不世之奇勋。襄成兴亚之大业。闻吾人有再造支那之谋，创兴共和之举，不远千里相来订交，期许甚深，勖励极挚。方之虬髯，诚有过之。惟愧吾人无太宗之资，乏卫公之略；驱驰数载，一事无成，实多负君之厚望。"

此后，宫崎滔天主要在日本负责接待赴日的中国革命志士。1905 年，中国同盟会成立，宫崎滔天成为第一批外籍会员。清王朝悬赏十万两取其头颅。后来，他的家成了同盟会机关报《民报》的最早发行所。

1907 年，宫崎滔天成功居中调和了孙、黄矛盾，同年黄兴将子一欧托与滔天照料。1910 年宫崎滔天被日本政府列为甲号社会主义者，遭严密监视。1910 年 4 月，宫崎寅藏受日本陆军大臣寺内正毅的派遣进入中国，以便随时掌握孙中山、黄兴一派的情况。

宫崎滔天（后中）与孙中山（中排左二）等同盟会志士合影

1911 年武昌起义爆发后，宫崎滔天参加浪人会，作为中流之砥柱，强调日本应严守中立，与头山满、铃木天眼、三浦梧楼等意见相左。11 月 15 日，宫崎滔天受日本友邻会的派遣，与孙中山的亲信何天炯同船抵达上海，与出任"上海革命军都督"的陈其美会合。11 月 28 日，孙中山在从法国马赛乘船启程的归国途中，致电宫崎寅藏通告自己的行踪，并要求宫崎寅藏和池亨吉前往香港迎接。宫崎寅藏则按照孙中山的要求，与池亨吉、山田纯三郎及高田商会的郡岛忠次郎、预备役海军大佐太田三次郎等日本人提前来到香港，在孙中山抵达香港的 21 日当天，宫崎寅藏邀请日本驻香港总领事代理船津辰一郎一道拜访了孙中山，并随船同行返抵上海。

12 月 31 日，孙中山试穿裁缝送来的土黄色总统制服，请宫崎滔天和山田纯三郎过去参谋一下。孙中山当时经济十分紧张，许多款项都没着落，想向宫崎滔天借款 500 万元。

宫崎滔天回答说："我又不是魔术师，一下子哪能弄这么多钱？"孙中山说："明天身无分文也关系不大，但你最好在一周内给我弄到 500 万元！"宫崎滔天说："临近年关，肯定有困难，姑且让我找人商量一下，再想想办法。"孙中山说："那就劳你去跑一趟啦！"

宫崎滔天通过山田纯三郎将日本三井物产公司上海支店长藤濑政次郎请过来，说明孙中山意图后，也只是得到"希望不大，尽力而为"的回复。由此可见，当时孙中山经济上困难之极。

1912 年元旦，身材高大、长着络腮胡子的日本人宫崎滔天参加了孙中山就任临时大总统的仪式，想必在典礼中也是显眼的。

民国建立后，中日关系日益交恶，身为大陆浪人的宫崎滔天亦不见容于日本政府，时势与环境已不容许他如早年般积极投入中国革命，但其热忱不减。他曾激烈痛斥袁世凯的倒行逆施，亦曾对二次革命、护法运动寄予殷切厚望，对逃亡的革命党人给予全力庇护。他曾叹息国民党的腐化堕落，说道："如不刷新革命精神，决不能达到目的。"

1921 年，孙中山在广州再次组织了革命政府，修三封电报力邀宫崎滔天来广东。宫崎滔天立即兼程前往，从初夏待到深秋才返回日本，不料此一会，竟成诀别。归国后宫崎滔天身体日见不佳。1922 年 12 月 6 日，宫崎滔天去世，终年 51 岁。

十、"民国首批将官"戢翼翘

（1885年—1976年）

戢翼翘生于1885年，字勋臣，湖北省房县人。戢翼翘22岁随堂兄戢翼翚赴日本留学，入日本陆军士官学校学习军事。1911年归国，在保定军校任职。武昌起义爆发后，戢翼翘潜赴上海，任沪军先锋队参谋长，参与攻克南京天保城之战，光复南京，因功升任旅长。1912年元旦，戢翼翘到下关车站恭迎孙中山，并参与就职大典。民国建立后，戢翼翘授陆军少将，为民国成立后第一批将官。

孙中山辞去临时大总统后，戢翼翘参加反袁斗争。1914年，戢翼翘到云南负责练兵，此后历任滇军旅长、滇西卫

戢翼翘像

戍司令、楚雄警备司令、云南练兵处长、云南陆军讲武堂堂长、云南陆军讲武学校教官等职务。后应杨宇霆的邀请赴中国东北，致力于奉军的整训。1928年皇姑屯事件后，戢翼翘率部撤至热河。

1928年，张学良东北易帜，奉军改编为东北边防军，戢翼翘出任东北边防军司令长官公署军事参议官，一度督办四洮铁路。1931年夏，张学良在北平协和医院养病时，戢翼翘代行陆海空军副司令职务，将石友三部歼灭，荣获国民政府授一等宝鼎勋章。"九一八"事变后，戢翼翘力主抵抗。抗战期间，戢翼翘居住在日本占领下的北平，未出任日本方面的职务，同时还曾援助中国爱国青年。

抗日战争结束后，戢翼翘加入中国民主社会党，并当选制宪国民大会代表。1947年春，被选为民社党中央常委、组织部长，后任民社党中央委员会主席、总统府咨委。1964年11月初，中央研究院近代史研究所研究人员李毓澍、陈存恭、张玉法赴台中市访问戢翼翘5次，后来整理成的《戢翼翘先生访问记录》成为珍贵的"三亲"史料。1976年戢翼翘在台北病逝，终年91岁。

戢翼翘晚年接受采访

十一、"辛亥三童子之一"盛成

（1899年—1996年）

盛成1899年2月6日出生于江苏仪征的一个家境没落的汉学世家，自幼聪颖好学。1910年，出家金山江天寺，师从著名的"革命和尚"黄宗仰，同年与其兄盛白沙一起秘密加入"同盟会"，结识革命家黄兴，得其大赏识因而更为现名，号成中；次年参加"辛亥革命"光复南京的战斗，年仅12岁，是称誉一时的"辛亥三童子"之一。因有特殊贡献而置身于南京方面欢迎孙中山就任临时大总统的代表行列，并得到孙本人的亲切嘉奖和勉励；随后先以优异成绩考入临时政府创办的陆军学堂，学堂胎死腹中，旋入铁路学校，再求学于佛、儒学大师欧阳竟无。

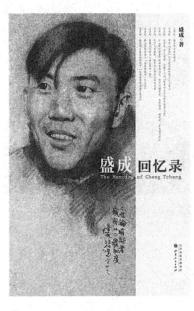

《盛成回忆录》封面

盛成的兄长盛白沙曾任广州革命军政府海军"肇和舰"舰长、汕头海军临时舰队指挥，并协助孙中山平息陈炯明叛乱，系孙所倚重的革命中坚。1923年为叛乱分子杀害。正是因为出自革命家庭，盛成受到孙中山等人的格外关心。

1914年，盛成考入上海震旦大学读法语预科。在"五四"运动中，盛成与北大学生一起冲击东交民巷，火烧赵家楼，后来他被推举为长辛店铁路工会的代表。在这次运动中，盛成与周恩来、许德珩等学运领袖结为亲密的战友。1919年年底，盛成开始充满艰辛的留法勤工俭学之旅。1930年代初，盛成从海外载誉归来。他先后到北京大学、广西大学、中山大学和兰州大学

盛成在地中海海边采集植物标本

执教。抗战期间,他一度投笔从戎,担任过上海十九路军政治部主任和武汉全国文艺界抗敌联合会常务理事等职。1948年,盛成应聘到台湾大学担任教授,他一边从事教学,一边从事国学研究。由于思想进步他受到当局的迫害和校方的排斥。

1965年,盛成脱离台湾来到美国。1978年10月,盛成回国后长期在北京语言学院担任一级教授。1996年12月26日,集作家、诗人、翻译家、语言学家、汉学家为一身的盛成去世,终年98岁。

十二、"国士无双" 庄蕴宽

（1867年—1932年）

庄蕴宽生于1867年，字思缄，号抱闳，晚号无碍居士，江苏常州人，早年就读于江阴南菁书院，捐资以知州指分广西，任浔江书院山长，后历任广西省平南县知县、百色直隶厅同知、泗城府知府、1904年广东武备学堂总办（黄埔军校前身）梧州府知府、太平思顺兵备道、镇南关监督，历充广东振新八营暨广东常备军统领、督办广西边防等职。

清末时的庄蕴宽

1906年黄兴在长沙策划起义，遭湖南巡抚通缉，黄兴乔装成道士，逃到龙州边防。危险之际，黄兴托同盟会员钮永建密请庄蕴宽相助。庄蕴宽命人送重金护送黄兴出境。庄、黄两人结成挚友，黄兴死后出版的日记亦由庄蕴宽作序。

1907年，庄蕴宽随清政府代表团到日本参加天皇加冕仪式，1908年时作为清政府陆军部特派员赴日本考察。在两次访问日本期间，他广泛接触了中国同盟会人士，并招募了几批留日军校学生到广西武备学堂和广西边防军任职，也因与革命党人关系密切而丢官罢职。1910年，庄蕴宽应唐文治邀请出任吴淞商船学校教务长而迁居上海，与同乡赵凤昌时常往来，并加入张謇筹办的上海预备立宪公会。

庄蕴宽像

1911年辛亥革命胜利后，庄蕴宽与钮永建、王孝缜、赵正平、黄兴、汪精卫、章炳麟、宋教

庄蕴宽

仁、章士钊、景耀月、张继、丁世铎、张耀曾多有来往，商议政局。上海光复后，江浙也先后宣告独立，但南京尚在铁良、张勋控制之下，汉阳又面临北洋军的反扑，局势瞬息变幻，急需筹建统一的革命领导机构。当时孙中山尚在海外，江浙人士共推黄兴是统领江浙联军攻克南京的不二人选，并认为庄蕴宽是江浙代表与黄兴沟通的首选。另外，庄蕴宽因其姐夫吴稚英之父吴殿英曾参与创建湖北新军，与时任民军总指挥的黎元洪也有交往。

11月23日，庄蕴宽启程赴鄂，先抵武昌面见黎元洪，再到前线与正在指挥作战的黄兴会晤。黄兴认为全国筹建军政机构虽是当务之急，但不必由他担任领导，改派宋教仁前往上海，支持组织江浙联军。庄蕴宽星夜兼程，将黄兴的意见带回上海，敦促苏军、浙军、镇军及沪军联合会攻南京。

12月2日的南京光复，足以弥补11月27日汉阳弃守的不利。黄兴发来贺电："东南大局，从此敉平。"庄蕴宽的武汉一行可谓功不可没。此后革命形势转危为安，局势趋于稳定，南方增强了在议和中的政治法码。

辛亥风云初定，庄蕴宽同赵凤昌、张謇、汤寿潜等人就已在斟酌"组织临时政府"、"南北议和"、"清室退位"等重大问题，几度居间调停陈其美与李燮和的矛盾。在这些问题上庄蕴宽显示出过人胆

庄蕴宽签发的苏州总商会赴上海购买枪支弹药船只准予放行护照，中华民国元年加盖在黄帝纪年之上

识，地位举重若轻，兼有知兵之名，尤重苏政，渐为众人所知所重。据说，临时政府采用新历，就是采用了庄蕴宽的建议。

孙中山就职前夕，当时的江浙重要人物张謇、汤寿潜、赵凤昌等认为程德全已不再适合延任江苏都督，一致公举庄蕴宽出任；孙中山与黄兴亦颇为赞同，特邀庄蕴宽乘同列火车赴南京。

1912年1月1日，孙中山就任临时大总统之日，即委任庄蕴宽代理江苏都督兼浦口商埠督办，协助孙、黄佐理军政。庄蕴宽以其在新军和清朝旧臣中的人脉关系，成为孙、黄身边真正的重要辅佐之人。

因为程德全的因"病"缺任，庄蕴宽虽在1月10日正式就任江苏都督，但实际上在元旦之日即实担此职。

老年庄蕴宽

庄蕴宽上任之初应黄兴之邀暂时驻节南京襄赞军务，同时请马良为民政长，黄炎培为教育长，贾士毅为财政长，打出一套由知名人士组成的施政班底。直到4月病退，庄蕴宽主持江苏政务三月有余。1914年，庄蕴宽任平政院肃政厅都肃政史、约法会议议员，授少卿，勋三位，二等嘉禾章。1915年袁世凯称帝，庄蕴宽表示反对，并召集肃政史开会议决呈请袁世凯将帝制"迅予取消，以靖人心"。庄蕴宽以其卓越胆识和才能，被誉为"国士无双"。

1924年12月20日，庄蕴宽任办理清室善后委员会监察员。1925年10月10日故宫博物院成立，庄蕴宽被尊为主持典礼的主席，在乾清宫主持开院典礼，并任故宫博物院理事、故宫博物院图书馆馆长。1926年，他和卢永祥任故宫博物院维持员。后来故宫博物院成立维持会，江瀚任会长，庄蕴宽、王宠惠任副会长。南京国民政府接收故宫博物院后，庄蕴宽出任故宫博物院图书馆馆长、江苏通志编纂委员会总编纂等职。1932年在家乡武进因病逝世，终年66岁。

十三、"江苏代表"袁希洛

(1876年—1962年)

袁希洛出生于1876年,字叔畲,号素民,原籍宁波凤岗,江苏宝山人(今属上海市)。早年就读于龙门书院,后去日本留学,1906年,在东京参加同盟会。1910年,毕业于东京私立日本大学高等师范科。回国后历任苏州公立中学校长、江苏省立第二中学校长、江苏公立法政专门学校教授、国立同济大学附属中学主任等职。

青年袁希洛

1911年,沪军都督陈其美根据同盟会要求,发起组织各省代表团商议组织中华民国临时政府。袁希洛被推举为江苏代表,和各省代表共商选举临时大总统事宜。据说,袁希洛在辛亥革命后曾亲自坐镇南汇县城门强行剪路人的长辫。

1912年1月1日,孙中山在南京就任临时大总统。据袁希洛回忆,在就职典礼上,他作为东道主江苏省代表,手持大总统印面授给孙中山。

民国成立后,袁希洛致信孙中山,首先提出建立辛亥革命战争纪念馆,并到北京专门征求袁世凯意见。工作人员要袁希洛行三鞠躬礼,袁希洛却直接行握手礼并且说:"老宗台,你使清朝政权还我国民,很辛苦了。"而袁世凯则回:"贵代表是我宗族的英俊,革命很辛苦了。"但之后谈建立辛亥革命战争纪念馆之事却被袁世凯敷衍了事。

北伐战争时,袁希洛因斥责孙传芳,几遭不测。1928年1月,经江苏省政府同意,原属崇明县的外沙地区(即今之启东)设县,定名为启东,意为"启吾东疆";2月,任袁希洛为首任县长。在当启东县首任县长时,袁希洛因自己种植棉花，自己挑粪、施肥，于是被官士乡绅讥讽为"挑粪县长"。

抗战期间，袁希洛在上海拒绝出任伪职。1946年，袁希洛被选任宝山县参议会议长。后当选为第一届国民大会代表。在1948年第一届国民大会第一次会议上，袁希洛走上会议讲台时，边和蒋中正握手，边声泪俱下地说："老百姓太苦啦，还打什么仗？"

袁希洛老年时的全家合影

解放前夕，袁希洛已穷困潦倒，仅靠卖家为生。1951年，袁希洛被聘为上海市人民政府参事，后被聘为上海市文史馆第一批馆员。1955年，袁希洛被邀请为市政协委员，同年应邀国庆观礼，受到毛泽东主席接见，并赠给他羊裘大衣一件。1962年1月29日，袁希洛因煤气中毒逝世，终年86岁。

十四、"多年老友"宋嘉澍

（1863 年—1918 年）

早年宋嘉澍

宋嘉澍生于 1863 年，海南文昌人，原先并不姓宋，而是姓韩，名教准。由于家境贫寒，韩教准 12 岁时就漂洋过海，到美国找堂舅父谋生。舅父姓宋，是旅居美国马萨诸塞州波士顿经营丝茶生意的侨商，他没有儿子。韩教准就被舅父收为养子，从此改姓宋，名嘉澍，别名耀如。宋嘉澍在美国加入基督教，取英文名字查理·琼斯·宋（CHARLES JONES SONG）。

1885 年底，宋嘉澍在范德堡大学完成了神学学习，翌年与倪桂珍结婚。宋嘉澍早年在美南监理会传道，1890 年返回中国后在上海居住，成为实业家及传教士，在上海开设美华印书馆印刷《圣经》，后创中国耶稣教自立会。宋嘉澍接触到当时西方的先进思想，接受了美国高等教育，回国后从事工商业，积累了巨大财富。1894 年与革命先行者孙中山一见如故，成为坚定的革命拥护者，鼎力支持孙中山的革命事业，倾家捐输巨万，几次濒临破产的地步。

在美国度过 8 年求学生涯的宋嘉澍，对西方教育的先进性有着亲身感受。他对于三儿三女的教育十分重视。倪桂珍作为母亲，不仅勤俭持家、严格教育子女，同时她还喜爱演奏钢琴，而宋嘉澍则引吭高歌，于是周末举办家庭晚会成了宋家的惯例。晚会不仅培养了孩子们的艺术才华，也使孩子们有了尽情施展才华的机会。例如宋蔼龄继承了父亲的唱歌才华，宋美龄学会了跳舞、画画，而宋庆龄则继承了母亲弹得一手好钢琴，这使她们虽然作为大家闺秀却在公众场合言谈得体，与人交往毫不羞涩，为她们之后各自的发展创造了良好的条件。

1913年，孙中山（前排左二）与宋嘉澍（前排左一）等人在日市大阪参观每日新闻社

当顽皮的孩子头宋蔼龄带着自己的弟弟妹妹在附近的田野里玩闹嬉戏，多次踏坏周围村民的劳动果实，几位村民终于一起找上门来，向他们的父母告状。宋嘉澍在向他们支付了一笔远超过损失的赔偿金之后还达成了一个口头协议，让村民不要惊吓和干扰到孩子，让孩子们可以在田野里尽情地嬉戏，释放他们的天性。宋嘉澍喜爱孩子，让孩子按其个性自由发展。但他并非无节制地满足孩子的欲望，而是尽最大努力培养孩子的自制力。当宋蔼龄蹒跚学步摔跤的时候，父亲并不马上扶起她，而是在她前面拍着皮球鼓励她："勇敢的姑娘，爬起来，自己走！"

为了锻炼孩子们的意志力，宋嘉澍常在电闪雷鸣的大雨天带着宋蔼龄一起在雨中受淋，锻炼她的意志力和忍耐力，据说当时 4 岁的小庆龄也在父母没有要求的情况下自主加入。之后宋嘉澍带着她们野外徒步，一起禁食，抵挡食物的诱惑，学会忍饥挨饿。这些在常人眼里荒诞不经、充满怪癖的行为，却逐渐磨炼出孩子们日后积极进取、坚韧不拔、敢于创新、勇于接受挑战的精神和信念。

◎ 1917 年，宋耀如的全家福

宋嘉澍没有"男尊女卑"思想，"简直像对待男孩子那样对待女孩子"。在宋蔼龄 5 岁时，宋嘉澍就将她送到上海中西女塾就读，让她成为寄宿生，锻炼她独立生活的能力。之后宋庆龄和宋美龄也先后进入此学校就读。尽管宋氏兄弟姐妹都曾出国留学，但宋嘉澍却从不鼓励他们留在国外，通过给他们定期写信、寄剪报的方式，把国内的新闻信息传递给他们，让他们及时了解国内发生的事以及中国革命的发展，由始至终无论在国内还是在国外宋氏兄弟姐妹都以身为中国人为荣。

1911 年辛亥革命爆发后，宋嘉澍在上海得知孙中山回国的消息后十分兴奋。12月25日，宋嘉澍带着长女宋蔼龄早早地就到码头去迎接，并推荐宋蔼龄担任孙中山的英文秘书。

老友相见，孙中山对宋嘉澍称赞道："二十年来始终不变，然不求知于世，而上海之革命得如此好结果，此公不无力。然彼从事于教会及实业，而隐则传革命之道，是亦世之隐君子也。"宋的妻子倪桂珍帮助丈夫为了革命"也承担了爱国任务，进行秘密工作"。

中年宋耀如

1912年元旦，宋嘉澍携女与孙中山同行抵达南京，参加了孙中山的就职典礼。宋嘉澍在给美国上学的次女宋庆龄写信道："我正在和孙中山一起工作，还参加了他的就职典礼。国内的现状有利于革命党人，但做伟大的事情，总是冒些风险的。促成民主，并非旦夕一蹴而就的。"并附寄了第一批制作的共和国五色旗。

宋庆龄收到信和五色旗后，激动万分，她立即扯下学校的清朝龙旗，踩在脚下，挂上新的国旗，高呼"打倒专制！高举共和旗帜！"宋嘉澍对孙中山的革命事业支持很大，但得知长女宋蔼龄对孙中山"动心"的时候，却毅然制止。对宋庆龄嫁给孙中山也坚决反对。

1915年，宋嘉澍得知次女宋庆龄离家私奔到东京同孙中山结婚时，十分生气，不能谅解。宋嘉澍夫妇追到日本，在孙中山住处大门口叫喊："我要见抢走我女儿的总理！"孙中山出来后，宋突然往地上一跪，磕了几个头说："我不懂事的女儿就拜托你了，请千万多关照！"之后转头就走。1918年5月，宋嘉澍因胃病去世，一说是死于慢性中毒，终年55岁。

十五、"英文秘书"宋蔼龄

(1889 年—1973 年)

宋蔼龄 1889 年 7 月 15 日出生,是宋嘉澍的长女,从小受到良好教育。1904 年,宋蔼龄赴美国留学,入威斯理安女子学院。1905 年,随姨父温秉忠出席美国第 26 届总统西奥多·罗斯福在白宫举行的宴会。面对总统,宋蔼龄大胆地当面陈述自己赴美遭拒的波折,表达对美国排华政策的不满,搞得罗斯福只好喃喃地表示遗憾。第二天,报纸以《中国少女抗议美国政府的排华政策》为题报道了此事。后来,在宋蔼龄毕业时,有家媒体预言:"宋小姐将会成为中国领袖的夫人,威斯理安女子学院将会是中国第一夫人的摇篮。"

1910 年,宋蔼龄毕业后回国。宋蔼龄从小在父亲的影响下,就是孙中山的坚定崇拜者。1911 年,辛亥革命爆发后,宋蔼龄与父亲一直关注着政局的发展。宋蔼龄多次在父亲的指令下,发电催促孙中山尽快回国主持大局。

在 12 月 25 日,西方的圣诞节,宋蔼龄与父亲一早就赶到码头,迎接孙中山。陈其美专派"建威号"军舰到吴淞口迎接。当天雾很大,双方终于接上头后,孙中山看到宋嘉澍时感到十分亲切。宋嘉澍介绍宋蔼龄时说,一些电报都是通过长女拍发的,孙中山表示感谢。

这是宋蔼龄成人后与孙中山的第一次见面。细心的宋蔼龄发现孙中山因一路风雨颠簸,外衣已经皱巴巴、湿漉漉

宋蔼龄(后左)、宋庆龄与母亲合影

的，建议换上迎接的沪军都督府代表的军装，以不失革命领袖威严，这立刻得到孙中山及宋嘉澍的同意。孙中山换上军装后，果然更加显出领袖风范，众人一片叫好。

孙中山正需要一位精通英文的秘书，在宋嘉澍推荐下，宋蔼龄成为了孙中山的秘书。在随后的几天内，宋蔼龄被孙中山的人格魅力深深吸引。

1912年1月1日，孙中山从上海启程到南京就职，衣着方面是党内高层商议的难题，清朝的长袍马褂肯定不行，西装也不合适。最后大家决定还是在军舰上换上那种军服合适。宋蔼龄知道后，心里美滋滋的，因为这套军服正是在她的提议下换上的。

孙中山穿上军服，坚决拒绝佩戴绶带、挂满勋章之类，坚持简朴平实形象。宋蔼龄却是精心打扮了一番，穿着一身海蓝色西服套裙，专门做了头发，佩戴了项链，化了淡妆，风姿绰约，楚楚动人。宋蔼龄一路跟随着孙中山。

1912年，宋蔼龄与孙中山全家在临时大总统府内合影

就职典礼就要开始了,孙中山已在胡汉民陪同下进入会场;宋蔼龄也跟进去的时候,发现父亲、母亲和宋子良、宋子安两个小弟弟已经早到了。革命家庭全家五人参加大典,可能只此一家。宋蔼龄找到前排的一个角落,激动地注视着典礼中的每个细节。

当孙中山在就职典礼中提到"解职"时,宋蔼龄很不理解,为什么才上任就要谈什么解职呢?典礼结束后,宋蔼龄立即把经汪精卫修改过的孙中山简历散发给现场代表及记者。

当晚,宋蔼龄久久不能入睡,她太兴奋了,不止是因为参加了孙中山的就职典礼,加上联想到在自己留学毕业时,美国报纸报道她将成为中国总统夫人的预言,就不禁嘭嘭心跳加快,更加兴奋起来。

宋蔼龄在孙中山就任后工作十分繁忙,但却很开心。孙中山辞去临时大总统之职后,宋蔼龄作为秘书,同孙中山到全国各地勘察,参与制订营建

图1 1914年8月25日,在日本流亡的宋家从东京移居横滨市山手町59号。9月,宋蔼龄与孔祥熙在横滨结婚。9月20日,在日本的宋家成员在横滨合影留念,当时宋美龄和宋子文仍在美国留学。照片中人物前排左起依次为宋子安、宋庆龄、倪桂珍、宋蔼龄;后立者左二人为宋子良和宋嘉澍

图2 宋氏三姐妹早年合影

20万里铁路的计划。"二次革命"失败后她与父亲宋嘉澍去日本，仍任孙中山的秘书。

在工作接触中，宋蔼龄对孙中山产生了好感。宋蔼龄讲述过去有人预言自己是"领袖夫人"的故事，试探孙中山的态度。孙中山只是淡淡地一笑，没当回事，巧妙拒绝了宋蔼龄。

宋嘉澍看出了女儿的心思，也从孙中山的言行中知道这还仅仅是女儿的单相思。宋嘉澍感到有必要及早斩断女儿的情丝，是为她物色合适对象的时候了。在宋嘉澍撮合下，宋蔼龄于1914年9月在日本与孔祥熙举行了婚礼。

作为大姐，宋蔼龄在宋氏家族有较高地位。后来，随着蒋介石的掌权，宋蔼龄更是使宋家沾足了光，特别是孔祥熙成了中国首富后。宋蔼龄以精明、厉害著称，连蒋介石也畏她三分。宋蔼龄虽没做过中国的第一夫人，但对当时政局的影响恐怕还要在孙夫人宋庆龄之上。宋蔼龄在民间的形象不单是"爱钱"，而且还工于心计：一手操纵宋美龄，一手遥控孔祥熙。据说就连宋庆龄也做过这样的评价："倘若大姐是个男人，委员长恐怕早就死了，她在15年前就会统治中国。"

1943年春，孔祥熙的"美金贪污案"暴露，引起社会各界很大反响。孔祥熙在一片反对声中辞职，宋蔼龄随夫迁居美国，但对国内孔氏的生意依然照顾着。1973年，宋蔼龄在纽约长老会医院因癌症病故，享年85岁。

十六、"山东代表"谢鸿焘

(1873年—1954年)

谢鸿焘,字一尘,1873年出生,山东省栖霞县人。1904年,谢鸿焘结婚后,和妻子一同到日本留学。1905年,他加入中国同盟会。11月,他和好友秋瑾率先回国,在烟台和中国同盟会山东分会主盟人徐镜心等人设置同盟会秘密机关。1906年,他兴办了东牟公学和端本女校,秘密进行革命活动。不久他便遭到清政府通缉,离开烟台到了潍县(今潍坊市寒亭区),和妻子分别执教于潍县广文书院和崇实女校。

1911年武昌起义爆发后,他和妻子到济南参加山东省独立活动,当选保安会会长。在济南各界人士商讨山东独立的大会中,他迫使山东巡抚孙宝琦通电宣布山东独立。此后,他任各省都督府代表联合会山东代表,到达武昌后因孙宝琦搜捕革命党,他不得不滞留在武昌。1911年12月29日,谢鸿焘在南京参加了选举中华民国临时大总统会。

1912年1月1日,谢鸿焘出席了孙中山就任临时大总统的典礼。不久后,他回到山东,任山东都督府高等顾问。

袁世凯复辟后,谢鸿焘开始隐居。1923年,第三届山东省议会选举举行,他被推举为议长候选人,和其支持者形成了议员中的天坛派,同其他派系展开斗争。曹锟执政后,他被诬陷为"贿选"而遭到通缉,被迫回到家乡。1924年10月,原中国同盟会会友黄郛出任北洋政府代理国务总理,谢鸿焘致电祝贺,并赴北京,准备复出。途中因病在德州滞留,未能实现复出。1954年,谢鸿焘在苏州病逝,终年81岁。

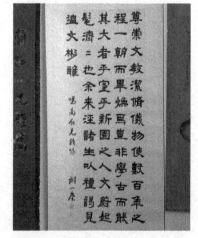
谢鸿焘的书法作品

十七、"陕西代表"马步云

（1884 年—1970 年）

马步云出生于 1884 年，字凌甫，陕西合阳人。1905 年，马步云到日本早稻田大学留学，后毕业于明治大学政治经济科，其间加入了同盟会。1911 年他毕业归国时，辛亥革命已爆发，西安起义已成功，秦陇复汉军政府已成立。12 月，马步云在上海和张蔚森被推为各省都督府代表联合会陕西代表，到南京参加了中华民国临时大总统选举会。

1912 年 1 月 1 日晚，马步云特地提前来到就职典礼现场帮忙处理杂事。参加完孙中山就任中华民国临时大总统典礼后，他心情格外欢畅。马步云与其他几位代表结伴步行往湖南路的江苏咨议局走着，有位代表也许是感到就职典礼的简单，提议道："我们今天推翻了中国数千年的封建君主专制，建立了民主共和国家，不能这样平淡，我们要做些惊天动地的大喜事来庆祝一下，我们热烈欢呼吧！"江西代表赵仕北立即响应，大声喊起口号，其他代表也欢呼起来，大家边走边唱，沉寂的夜晚被这一路的高歌打破。

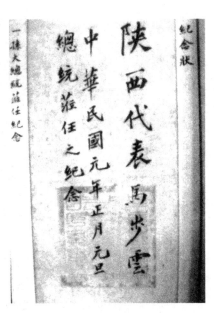

陕西代表马步云的纪念状

1 月 28 日，马步云和张蔚森、赵世钰出席了南京临时参议院成立会，于 3 月 8 日审议通过了《中华民国临时约法》。孙中山辞去临时大总统后，马步云经上海回到西安，创办西北大学。1912 年 8 月任国民党陕西支部副支部长。

1914年6月，袁世凯派陆建章接替张凤翙任陕西都督。西北大学被陆建章定为"反袁的机关"，马步云逃亡到上海两年有余，后回陕西参加护法运动。1921年，马步云任教于陕西法政学校（由西北大学改建），后任陕西省长公署参议、第三届陕西省议会议长、陕西省教育厅厅长、国民革命军第二集团军第八方面军参议、安徽省政府委员兼民政厅厅长、国民政府行政院参议等职。

"七七事变"后，马步云携家回西安。抗战胜利后，马步云任河南省政府委员兼秘书长。1948年6月中国人民解放军首次攻克开封时，应中国人民解放军邀请，马步云出面维持地方治安。此后他脱离中国国民党阵营，携家迁居南京。1970年3月7日在南京逝世，终年86岁。

十八、"江西代表"赵仕北

（1870年—1944年）

赵仕北生于1870年，字孔南，号于朔，广东新会县人；1884年，随同乡到美国半工半读，在哥伦比亚大学获得了法学博士学位。1896年，与到美国宣传革命的孙中山结识，后加入了同盟会。1907年，赵仕北回国后，在江西一面办教育事业，一面襄助孙文的革命，时常在中国各地奔走。

1911年辛亥革命爆发后，赵仕北作为江西的代表参加了各省都督府代表联合会在南京的会议。

赵仕北

1912年1月1日，身为各省都督府代表联合会议长的赵仕北出席了孙文就任临时大总统的盛大典礼。也有记载，赵仕北也为孙文授大总统印。那么当时授印的怎么会有这么多人，这么多种说法。笔者认为，由于事先没做好充分准备，很可能这印是由多人传递而授的，这也是典礼简单仓促的表现。

南京临时政府成立后，赵仕北当选各省代表会议长，后被任命为粤汉铁路管理局局长。1913年，赵仕北担任唐山路矿学校的校长，后参加护法运动，在广州军政府任司法部司长等职，后在南京、广州经营汽车运输事业和航运及开律师事务所。1928年，赵仕北任国民政府立法院立法委员、江苏高等法院第三分院检察处首席检察官、广州地方法院院长等职。1944年病死在香港的日军监狱内，终年74岁。

十九、"湖北代表"马伯援

(1884年—1939年)

马伯援生于1884年,又名发祥,字吉楷,湖北枣阳鹿头镇人。1905年,马伯援考入新军左旗学习军事,不久到日本留学,并加入中国同盟会。1910年,他从早稻田大学政治系毕业。

辛亥革命期间,马伯援曾经率领红十字会员护送黄兴、宋教仁等人从上海到武昌,并参加了汉阳战役,担任黎元洪的顾问。1911年12月29日,他作为各省都督府代表联合会的湖北代表,参加了在南京举行的中华民国临时大总统选举会,并参加了孙中山就任临时大总统的典礼。

南京临时政府成立后,马伯援担任孙中山的临时大总统秘书、内务部会计主任,兼任马警总队总队长,并于孙中山下野后离职。

1913年2月,马伯援随孙中山、黄兴赴日本,8月赴美国西北大学学习。1914年夏,因黎元洪中断公费而辍学回国,1915年回到家乡。此后曾在家乡兴办"求实小学"和"蚕桑公司"。1917年护法战争中,王安澜在枣阳大阜山成立"鄂北靖国军",此后通过马伯援使襄郧镇守使黎天才合编王安澜部。1918年10月,马伯援到上海见孙中山,12月赴日本东京,任职于中华留日基督教青年会。1920年6月,他赴蒙古考察,10月升任中华留日基督教青年会主任干事。1922年初,马

横滨总领事周钰、陆军中将俞应麓,同中华留日基督教青年会干事马伯援在中华留日基督教青年会图书室之落成时合影

伯援受孙中山之命回中国，3月到达陕西西安和冯玉祥秘密会晤，被冯玉祥聘为名誉顾问；4月，马伯援会见胡景翼。

1924年，冯玉祥发动北京政变并邀请孙中山到北京，派马伯援去广州迎接。孙中山到达天津后卧病在床，马伯援曾前往报告情况。6月15日，马伯援到郑州调和冯玉祥国民军和中国国民党的关系。此后，他还曾以冯玉祥名誉顾问的身份，到南阳、邓县、襄阳等地会见方振武、孙连仲等要人。

1932年9月，他回到家乡，担任枣阳县县长。后因和枣阳地方势力以及驻枣阳的清乡军独立三十四旅旅长罗启疆的矛盾而不得不离职到庐山闲居。后来他到武昌任湖北省农村合作委员会委员兼干事长。此后他到日本任中华留日基督教青年会干事。"七七事变"前夕，他回到家乡。1938年，他携家眷到成都，后在香港居住。1939年4月13日因病去世，终年55岁。

二十、"云南代表"吕志伊

(1881 年—1940 年)

吕志伊

原名占东,字天民,别署侠少、旭初、金马。云南思茅县人,1900 年中举人,1904 年官费赴日本留学早稻田大学。1905 年,吕志伊加入中国同盟会,被推举为中国同盟会总会评议、云南主盟人。1906 年,他参与创办《云南》杂志、《滇话报》,任《云南》杂志主笔,并常为《民报》撰稿。1908 年 3 月,他和杨振鸿等人发起云南独立大会,被清政府开除官费并通缉。此后,吕志伊到缅甸仰光任《光华报》总主笔、《进化报》主笔。1909 年,他在《光华报》上撰写对联上联"摄政王兴摄政王亡建虏兴亡两摄政",征集下联,一时震动海内外。

1911 年初,他参加广州黄花岗起义,担任统筹部印信、密件保管、撰写檄文等工作。黄花岗起义失败后,他到上海任《民立报》主笔。1911 年 7 月,他和宋教仁、陈其美等人创建中国同盟会中部总会。1911 年 9 月,他受湖北的革命党人和中国同盟会中部总会委托,到香港请黄兴到湖北武昌领导反清起义。

武昌起义爆发后,吕志伊奉黄兴之命到云南。辛亥云南光复后,他任云南都督府参议。他还任各省都督府代表联合会云南代表,到南京参加会议。

1912 年中华民国成立后,孙中山任命他担任南京临时政府司法部次长。后来他担任中国同盟会驻沪机关部副部长、《民国新闻》总编辑。1913 年他当选第一届国会参议员、宪法起草委员会委员。后来他参加了二次革命。1915年，他奉孙中山之命到昆明策动了护国起义，并首先提出了"护国军"这一名称。1917年，他任孙中山在广州组织的护法军政府司法部次长。1919年，他建议将"中华革命党"改名为"中国国民党"。后来他历任广州军政府司法部次长、内政部次长、代理内政部长等职务。1922年9月，他任中国国民党改进案起草委员会委员，后任中国国民党中央参议。1923年4月起，他任广州大元帅府大理院院长兼管司法行政事务。他是"中国国民党"这一党名的建议者。

司法部次长吕志伊

孙中山在北京逝世后，吕志伊淡出政坛，1928年起一直任国民政府立法委员。1940年，吕志伊在昆明病逝，终年59岁。

二十一、"江西代表"林森

（1868年—1943年）

● 林森

　　林森1868年出生于福建闽侯县，字子超，号长仁，1877年入美国教会学校培元学校，1881年考入鹤龄英华书院。1884年于台北电信局工作。1902年到上海海关任职，其间参加反清活动，并于1905年加入同盟会。

　　1911年辛亥革命时，林森任江西九江军政府民政长，为九江光复和清朝海军的起义奔波斡旋起到关键作用。江西军政府在10月31日得以成立，终使长江中下游的独立省份连成一片。12月21日，林森由上海到达南京。

　　各省会议代表经常争论激烈。在代表会外举行的一次同盟会本部的会议上，林森对同乡的林长民指责道："有位福州著名的宪政党员，像他这样的人还混迹于代表中开会，显然，是宪政党还在起作用。"说者无心，听者有意，林森的这番牢骚，却引发了一次暗杀。

　　当时在会场的陈其美听到林森这番话后，立刻派青帮打手对林长民进行暗杀。林长民在某车站当即中弹，好在伤势不重。其实陈其美此举并非是想要其性命，只是警告。林长民似乎也明白了这暗杀的意图，中枪后，马上辞去代表一职，离开南京回福建老家避了段风头。

　　林长民生于一个官宦家庭，1906年通过杭州东文学校赴日本留学，在早稻田大学获得政治经济科的学士，其间任福建同乡会会长，与

● 早年林森

中野正刚、风见章、张謇、岑春煊、汤化龙、孙洪伊、刘崇佑、徐佛苏、杨度、宋教仁、犬养毅、尾崎行雄有交往。1909年归国后就任福建官立法政学堂教务长兼福建咨议局书记长。黄花岗七十二烈士之一林觉民是其内弟,"民国名媛"林徽因是其长女。林长民作为福建代表参加了在南京举行的各省都督府代表联合会会议。南京临时政府成立后,林长民任内务部参事,参加了《中华民国临时约法》的起草工作。

林长民

1912年元旦,林森参加了孙中山的就职典礼。南京临时政府成立后,林森以绝对多数当选临时参议院议长,主持《中华民国临时约法》的制定。南北议和、政府北迁之后,1913年4月当选为首届国会全院委员长。11月参加二次革命失败后,流亡日本,加入中华革命党。1917年随孙中山从上海南下广州,任广东非常国会议员、护法军政府外交部长。1921年任广州国会非常会议议长。1923年任大本营建设部部长。1924年当选国民党"一大"中央执行委员。1925年11月与邹鲁等在北京西山召开国民党四中全会,即"西山会议",任西山会议派的"中央执行委员兼海外部部长"。宁汉合流后,任国民政府常务委员、立法院副院长。

林森后任国民政府主席

1931年起任国民政府主席长达12年之久。由于林森在政治路线上一向和蒋中正相左,所以他的当选只是政治妥协的结果,并未掌握实权。1943年8月1日在重庆车祸中逝世,终年75岁。

二十二、"知名报人"张季鸾

（1888年—1941年）

年轻时的张季鸾

张季鸾生于1888年，名炽章，祖籍陕西榆林，生于山东邹平。少年张季鸾体弱口吃，但很聪明，1902年师从关中名儒刘古愚习经世之学。1903年考入陕西三原宏道学堂。1905年，张季鸾考取官费留日，先入东京经纬学堂，不久后入东京第一高等学校攻读政治经济学。留日期间，与革命党人多有交往，课余任陕西留日学生创办的《夏声》杂志主编，开始办报生涯。

1908年，张季鸾学成归国，在关中高等学堂当教员2年。1911年应邀到陕西同乡于右任在上海的《民立报》工作，并经于右任举荐，出任孙中山的秘书，参与了《临时大总统就职宣言》的起草工作。

1912年元旦，张季鸾参加了孙中山的就职典礼。典礼结束后，张季鸾就将孙中山的就职经过起草一份电报发给上海的《民立报》。但因为典礼是深夜举行的，1月2日的《民立报》只刊发了孙中山由上海坐火车赶赴南京的新闻。1月3日，《民立报》才在国内独家报道了孙中山元旦就职的新闻。国外的《纽约时报》1月3日刊载了一篇名为《南京举行临时大总统就职典礼》的详尽长篇报道，走笔之人似乎亲眼见证。

4月1日，张季鸾随孙中山解职而离职。1913年在北京与曹成甫合办《民立报》，自任

在《民立报》任记者时的张季鸾

主编。宋教仁遇刺后，开始宣传反袁，后因在上海《民立报》上披露《善后借款条约》，得罪袁世凯政府，北京《民立报》被封，张季鸾被捕入狱，囚于军政执法处监狱。三个月后被释放。出狱后应胡政之之邀前往上海，任《大共和日报》国际版主编。在其主持《大公报》期间，事业达到顶峰。

1915年袁世凯意欲称帝，反袁呼声高涨，张季鸾在上海办《民信日报》，任总编，抨击时政，后《民信日报》因经费问题停刊。1916年袁世凯在谴责声中死去，张季鸾前往北京为上海《新闻报》担任通讯记者，后政学会张耀曾、谷钟秀在京创办政学会机关报《中华新报》，张季鸾应邀任总编，同时兼任上海《新闻报》驻京通讯员。

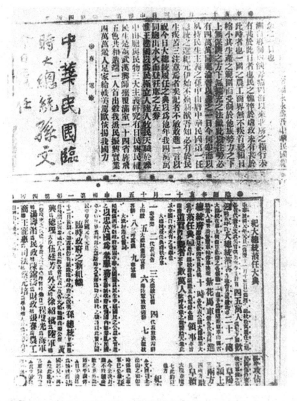

1月3日《民立报》对孙中山就职的报道

1918年《中华新报》因发表段祺瑞政府与日本签订满蒙铁路大借款合同消息被京师警察厅查封,张季鸾再次被捕入狱。后经营救获释,但北京《中华新报》未能复刊。1919年赴上海,出任上海《中华新报》总编辑(仍是政学会机关报),直至1924年冬该报停刊。后来经河南军务督办胡景翼的推荐,北洋军阀的张绍曾内阁任命其为陇海铁路会办。

1926年,与吴鼎昌、胡政之成立新记公司,于9月1日续刊《大公报》,任总编辑兼副经理。续刊之日,他执笔撰写《本社同人之旨趣》,提出著名的"不党、不卖、不私、不盲""四不方针"。后世评价新记《大公报》时,往往使用"吴鼎昌的钱、胡政之的管理、张季鸾的笔"的概括之词。张季鸾作为报社总主编,为新记《大公报》的发展做出了巨大的贡献。抗战时期,曾两度担任国民参政会参政员。

中年张季鸾

"九一八事变"后,《大公报》主张"缓抗"方针,报馆被民族主义者和激进爱国主义者投掷炸弹。张季鸾也收到过一个装有炸弹的邮包。经杨永泰介绍,张季鸾成为蒋介石的座上宾。1934年蒋中正在南京励志社大宴群僚,各部军政大员数百,但首席主客却是张季鸾,令列席诸位大感意外。蒋介石对张季鸾推崇备至,是民国报人都未曾达到的境遇。

1936年12月18日,国军空军在西安市区上空投放《大公报》数十万份,头版为张季鸾撰写之《给西安军界的公开信》,劝告东北军将士迷途知返,勿误国误民,该文章张学良至晚年尚能背诵。1941年,张季鸾在重庆病逝,终年53岁。

二十三、侍从队队长郭汉章

（1878年—1968年）

郭汉章生于1878年，安徽省和县人，幼遭遗弃，1895年投身行武，加入洪门会，1902加入兴中会，在军中开展革命活动，后因身份暴露，被迫潜逃，从广西辗转到了苏州。1908年，他领导苏州新军暴动失败后逃往南京、上海，并加入同盟会。

1911年11月3日，郭汉章参加光复上海的战斗，任敢死队队长，首先打下清兵控制的西炮台，并攻占江南制造总局。在战斗中，他救出战斗负责人陈其美。后来，陈其美任沪军都督，遂召见任命郭汉章为都督府卫队队长兼侦探队长。陈其美随后两次到南京出席最高军事会议，皆由郭汉章率卫队担任会场警卫任务。

12月25日，孙中山乘海轮由国外回到上海。此前，郭汉章已受陈其美指令，负责护卫孙中山事宜。那天一大早，郭率领一队便衣卫士在上海十六铺金利源码头布置警卫工作。孙中山回国后，郭汉章受陈其美之命负责安全

孙中山与卫兵在总统府内

保卫工作。孙中山先生从上海赴南京前，郭汉章挑选卫士40人，配备新制军服，并积极进行各种训练，准备随孙中山先生赴南京就职。

1912年1月1日清晨，郭汉章带领40名卫士，戎装焕发，威武雄壮一路跟随，全神贯注戒备，保卫孙中山的安全，也确保了就职仪式的顺利进行。临时政府成立后，郭汉章正式出任临时大总统府侍从队队长，住在总统府内，随侍孙中山先生，朝夕不离。其时黄兴任陆军总长兼参谋总长，每次去见孙中山均由郭通报接待，并握手问好。

在南京警卫会场期间，郭汉章巧遇和县同乡、洪门会时战士范玉成，异地重逢，说不尽离情别绪。交谈中，郭汉章得知范玉成是新成立的南京宪兵营营长。这次他们的任务是互相配合，共同保卫会场。孙中山外出活动时，郭汉章也紧随其左右，确保安全。

3月31日上午，正式解职前的孙中山在办公室召见黄兴商量辞职后的事宜时，把侍从队队长郭汉章引到黄面前说："这位郭汉章同志，是一个很忠实的同志，我把他托付给你，也请你为他安排一个合适的位置。"郭汉章声泪俱下，最后听从安排，结束了跟随孙中山3个多月的侍从队队长生涯，被任命为南京留守府中校侍从副官。

1912年6月，南京留守府奉令撤销，郭汉章转到江苏都督府工作。后来回到上海住了近两年时间。1914年5月，当郭汉章重到南京时，却为北洋军阀警察厅长王桂林抓了起来，说他是乱党，坐了8个月的牢，幸得省长韩国钧担保获释。此后，郭汉章回和县转事商业维持生活，在和县全国解放后，他作为辛亥革命的老人，受到社会和人民的尊重，享受着社会主义之福。1962年，又服务于南京中山陵园拱卫组。1968年病逝，终年90岁。

第五章
与"就职典礼"密切相关的那些人

除了明确记载参加"就职典礼"的人以外，还有些参加人员尚有待考证。有些人据推断很可能参加，比如"各省代表会"的代表们，在1911年12月31日开会至深夜，为就职典礼专门休会一天，1912年1月2日大多数人继续开会，这些代表就很有可能是典礼的参加者。那些与孙中山同行的随行者，也很有可能是典礼的参加者。还有些人虽然没有参加典礼，却对"就职典礼"的举行起着相当大的作用。

一、"民国产婆"赵凤昌

（1856年—1938年）

"民国产婆"赵凤昌

赵凤昌生于1856年，字竹君，晚号惜阴老人，江苏常州武进人，同属常州赵氏家族的曾国藩幕僚赵烈文比赵凤昌长一辈，其"清王朝五十年后灭亡"的预言及思想对赵凤昌影响很大。赵凤昌在南北议和与建立民国的过程中，运筹帷幄，折冲樽俎，起了关键的作用，有"民国产婆"之称。

赵凤昌天赋异禀，足智多谋，先后出任广东布政史姚觐元的秘书，两广总督曾国荃的幕僚。赵凤昌受到接任的两广总督张之洞赏识，出任总督衙门文案，后随张到湖广总督任上。1893年，赵凤昌因被小人在北京弹劾，被光绪帝亲批革职，永不叙用。此事埋下赵凤昌日后坚决反清的种子。

张之洞深感歉意，找到洋务运动中合作过的盛宣怀。盛对赵也深为惋惜，将赵凤昌派为武昌电报局驻沪代表。赵凤昌敏锐地发现电报信息快捷的重要性，因祸得福地进入了新兴的信息产业，并成为张之洞在江、浙、沪的"耳目"。在上世纪初的"东南互保"中，赵凤昌以"布衣公卿"徜徉于督抚道府和外国列强之间，显示居间调停、纵横捭阖的出色才能。

1911年，武昌起义爆发后，赵凤昌自觉地投入拯救天下的重大政治活动中，为外交稳定、各省独立起到了推动作用；其住所上海南阳路10号"惜阴堂"成为各省代表和各派要人、社会精英的议事场所。

赵凤昌与官僚、士绅、同盟会、光复会各方人士皆有往来，他思路开阔，智谋超群，对南北形势判断精确，常出奇策，以匡时局。赵凤昌与张謇和庄蕴宽是"惜阴堂"的"核心层"，三人共商大计，一致认为，南北双方需先停战，方能谈及议和及建立议会、设置政府等诸项大事。

赵凤昌提出将议会设在上海，便于停战议和，并草拟了"组织全国会议团通告书稿"。这表面上是按照战事议和在第三地的惯例，实际上赵凤昌是要将话语权"抢"到上海，以便于让力量尚弱的革命党人借力行事，为即将回国的孙中山做好铺垫。庄蕴宽对此早于张謇意会，也倾向于支持黄兴、孙中山，积极奔波斡旋。

赵凤昌（左一）、杨杏佛（右一）和家人在上海"惜阴堂"合影

赵凤昌与北方要人梁敦彦、唐绍仪、熊希龄等人也有密切来往。赵凤昌的妻弟洪述祖是袁世凯的亲信赵秉钧的幕僚，他常向赵密报北京政情。当时袁世凯打算派唐绍仪南下议和前，先通过洪述祖与赵凤昌的特殊关系，了解南方对唐绍仪出任议和全权代表的态度。

唐绍仪在甲午战争后有一段时间，在上海做寓公，就与赵凤昌相识，二人极为投契。唐绍仪这次一到上海，首先访问赵凤昌，请赵密约张謇在"惜阴堂"见面，并向张、赵转告了袁世凯愿顺从民心的诚意，要求张、赵调停南北冲突，促使和议早成。唐绍仪露出口风，若推荐袁为总统，则清室退位不成问题。

黄兴兵败汉阳，回到上海，在赵凤昌家中与张謇、程德全等人会面。唐绍仪到上海议和，亦在赵宅与黄兴面商，黄兴此时已被举为大元帅，有关议和的重要议题，都由他和唐绍仪协商。甚至南方议和全权代表伍廷芳亦常到赵宅与唐绍仪晤面。在伍、唐公开会议之前，议事大纲及协议条款均已决定，而赵凤昌亦是参与机密者。

12月25日，孙中山回国，第二天下午即赴"惜阴堂"会见赵凤昌，征询他对当前时局的看法；赵向孙分析了南北形势，提出"三虑""三策"。赵

赵凤昌在上海南阳路10号的住所"惜阴堂"成为南北和谈双方的幕后议事场所

凤昌洞察入微，谋略过人，观其三虑三策，堪比孔明之隆中对。其后，孙中山又多次登门拜访，与赵凤昌商讨统一建国、网罗英才及国家财政诸要端。赵凤昌提出了许多建议，勉励孙中山"建府奠基，既须兼纳众流，更当克副民望"。赵凤昌希望孙中山建立临时政府，打破南北和谈难有重大突破的僵局。

1912年元旦，孙中山在南京就任中华民国首任临时大总统，开创共和，但是清朝皇帝还没有下台，效忠于清廷的繁杂势力依然存在。赵凤昌冷静地认识到政局仍存变数，如果一着不慎，大乱还将再起，共和可能毁于一旦。赵凤昌虽拒绝出任南京临时政府顾问，但仍以在野之身积极筹划着清帝迟早退位，在南北和谈中虽没直接出场，但却是不可或缺的重要人物。

《赵凤昌藏札》中有一份"正副总统及内阁名单稿"，为赵凤昌参与南北秘密谈判时所记，其中总统、副总统、总理人选以及陆军、财政、外交、教育总长与后来袁世凯第一任内阁的这四位总长人选完全相同。赵凤昌在议和中的重要作用，由此可见。

南北议和到了最后关头，双方在讨论袁世凯接任临时大总统后第一任内阁问题时，同盟会坚持内阁总理必须由同盟会员担任，总理通过之后，再由总理提出阁员全体名单，请参议员投票。袁世凯拒不接受这样的安排。双方互不让步，僵持多日。

在"惜阴堂"讨论这个问题时，赵凤昌亦列席旁听。他是幕僚出身，最能揣摩各人心理，他已觉得唐绍仪对此问题十分为难，便插言道："我是以地主的资格列席旁听的人，不应有什么主张。但现在对内阁问题，我有一个意见，可以贡献诸君以备参考。我认为新总统的第一任内阁，是新旧总统交替的一个桥梁，所以这国务总理必须是孙、袁两位新旧总统共同信任的人物。我以为只有少川（唐绍仪字）先生最为适当，只要孙、黄两先生不反对，我很想劝少川先生加入同盟会为会员，这就是双方兼顾的办法。"赵凤昌这话刚说完，孙文、黄兴同时鼓掌，表示欢迎唐绍仪加入同盟会，同时即决定请唐绍仪出任国务总理。这个问题就这样圆满解决了。

赵凤昌的"惜阴堂"，成为南北议和、民国建立时期各方协调密议的场所，孙中山等许多民国要人，都曾是这里的常客。赵凤昌利用自己极为丰富的人脉关系、超强的资金实力和过人的胆魄，在南北议和与建立民国过程中，运筹帷幄，作用巨大；但他以在野之身，为人低调，处事谨慎，对机密讳而不谈，不居功标榜，被誉为"民国产婆"。其女婿杨杏佛在南京临时大总府秘书处任收发组组长。1938年，赵凤昌去世，终年82岁。

二、"沪军都督"陈其美

（1878 年—1916 年）

陈其美生于 1878 年，字英士，浙江吴兴人，少时家贫，15 岁时辍学，到当地的一家当铺当学徒，供应其长兄及三弟就学之资。1903 年，陈其美只身到上海，以任会计为生，同时结识各方人物；1906 年赴日本留学，入东京警监学校，认识孙中山，加入中国同盟会；在当地认识蒋中正后，二人结拜为异姓兄弟。1908 年，陈其美回中国，在上海、杭州等地加入青帮，联络会党支持革命。

1911 年 7 月，宋教仁等在上海湖州会馆成立同盟会中部总会，筹建人员都是忠于孙中山的革命骨干，陈其美任庶务部长，主持实际工作。陈其美以四捷（口齿捷、主意捷、手段捷、行动捷）著称，经过苦心经营，上海同盟会中部总会"会务益振"。

沪军都督陈其美

光复会领袖陶成章

10月10日，武昌起义爆发。11月3日，上海光复，陈其美采取非常手段，在上海获举为沪军都督。南京光复后，政局不稳，陈其美专门赴宁帮助新赴任的程德全整顿南京秩序。12月25日，陈其美亲自安排孙中山抵达上海的迎接。孙中山在上海期间，陈其美是不离左右。

1912年1月1日上午，陈其美在上海火车站举行隆重仪式欢送孙中山赴宁就职，虽由于种种原因没能与孙中山随行赴南京，但作为当时实力派人物，能够维护上海的稳定，确保有一块坚实的革命基地，则可解孙中山后顾之忧，增加革命力量的政治法码。孙中山高度赞扬陈其美是"革命首功之臣"。据《居正日记》载，陈其美、黄兴是孙中山就职典礼上的具体组织者。那么，陈其美是否随行到南京参加典礼就是个疑问了。

1912年初，陈其美与曾经得罪孙中山的光复会首领陶成章争执，在没有获得孙中山的明确许可的前提下，陈其美派蒋介石与王竹卿于1月14日刺杀陶于上海广慈医院。孙中山辞职后，于2月17、27日两次致电陈其美，望其勿告退，以保存上海的革命实力。

3月，陈其美被任命为唐绍仪内阁的工商总长，未就任。因议员发难，指责其"盘踞沪上，拥兵自雄，军政府应撤不撤，梗国家之统一"，7月31日他辞去都督之职。"二次革命"时，陈其美任上海讨袁军总司令；失败后赴日本，支持孙文另组中华革命党，被推为中华革命党总务部部长，成为孙中山的有力支持者，地位上升至次席。

1915年，陈其美回国反对袁世凯称帝，10月29日主持中华革命党上海总部，兼任中华革命军东南军司令长官。1916年5月18日，陈其美在寄宿

1912年冬,孙中山、陈其美等在浙江杭州国民党支部欢迎会上合影

的上海法租界日本侨民山田纯三郎的寓所被暗杀,终年38岁。蒋介石为提高自己地位,自称为"陈其美第二"。陈其美的弟弟陈其采及其兄陈其业两子陈果夫、陈立夫等人,后来均成为国民党要员。

三、"革命和尚"黄宗仰

（1865年—1921年）

革命和尚黄宗仰

黄宗仰，俗名黄浩舜，别号乌目山僧，1865年出生于中国江苏省苏州府常熟县商人家庭，1880年在常熟清凉寺出家，1884年在镇江江天寺受戒。1899年黄宗仰前往上海。1901年，受犹太富商哈同的华籍夫人罗迦陵聘请，设计建造爱俪园，并在其内讲授佛经。1902年4月，黄宗仰与章太炎、蔡元培等联合组建"中国教育会"，开始参与政治活动。

1903年6月苏报案发，邹容和章太炎被上海公共租界工部局逮捕，黄宗仰多方营救章太炎未成后，逃亡日本。黄宗仰在横滨结识孙中山，两人初次见面，雅相推重，一见如故。为扫除海外保皇势力，孙中山想离开日本前往檀香山，并转赴美国，但旅费不足。黄宗仰慨赠二百元并赋《饯中山》诗一首，诗句表达了对这位革命领袖的无限信赖和对夺取反清革命胜利的坚定信念，显示出大无畏的英雄气概。

孙中山在黄宗仰的资助下才得以抵达檀香山，黄宗仰从横滨去信问候。12月孙中山回复一札，告以铲除保皇、奔走革命的活动情形，同时冀望于海内外革命力量加强合作宣传，力辟康有为、梁启超等人的保皇谬论。黄宗仰年底潜返上海。随后，受上海犹太富商哈同及其夫人罗迦陵的委托，在静安寺路主持建造爱俪园（俗称哈同花园）的工作，继续从事弘法布教活动。两人书信不断，孙中山已视黄宗仰为江浙革命派的中心人物之一。

1911年10月，辛亥革命爆发以后，以同盟会陈其美和光复会李燮和为首的革命党在武昌起义推动下，11月3日，顺利光复上海。但陈其美和李燮和在谁当上海都督时发生了激烈的争论，双方互不相让，火并一触即发。

在危急关头,黄宗仰挺身而出,密约双方人员商谈调停,顺利化解了纷争。

12月25日,流亡海外的孙中山乘英邮船"丹佛号"由香港抵达上海。据当时《民立报》报道,此前一日(24日)黄宗仰就与宁波帮实业家谢蘅窗、陈根香等人商议,租借了一艘轮船开至吴淞迎候。25日清晨,寒雨如织,"丹佛号"邮船在晨雾浓集中停泊在吴淞口,随即由黄宗仰三人从邮船上把孙中山接到"建威"号军舰,然后直驶向黄浦江,于上午九点三刻抵达公共租界三马路(今汉口路)外滩海关码头靠岸。在一片欢呼声中,孙中山由黄宗仰陪同走下码头,驱车至爱俪园午膳并小憩。

第二天,哈同在爱俪园举行盛宴,为孙中山接风洗尘,参加者有黄兴、宋教仁、陈其美、胡汉民等革命党要员,名人荟萃,极一时之盛。经黄宗仰的劝说,哈同夫妇还慷慨赠送给孙中山3万大洋,以示对革命事业的支持。

随后几天,孙中山在沪主持召开了一系列重要会议。据当事人追忆:"30日晚上讨论国旗问题时发生争执,太炎先生主张用代表汉、满、蒙、回、藏五族共和的五色国旗,中山先生主张用三合会会旗,就是后来的青天白日满地红旗,双方相持不下,吵得脸红耳赤。经过宗仰法师和胡汉民等人从中调解,最终取得一致意见,决定暂时用五色旗作为过渡。"作为与孙中山知交契合的友人,黄宗仰对于革命政权的建设不乏关切和参与。

1912年元旦,孙中山前往南

黄宗仰(持旗者)在欢送孙中山赴南京时的合影

京就任中华民国临时大总统。上午10时，上海中外商民数千人齐集车站欢送，黄宗仰参列送行队伍，并与孙中山等随行人员合影。黄宗仰是否参加孙中山的就职典礼没有明确记载。但是有文记载，黄宗仰应孙中山的邀请，参加了临时政府举行的"改朔"大典，亲眼目睹了这一开创历史新纪元的盛典。这"改朔"大典应该就是民国的开国大典吧。

黄宗仰在《赠孙中山序》一文中写道：严子陵友光武，及光武兴，子陵不为用，始终以友自居。此吾国历史美谈，旷古一人而已。仆之友中山，其昵好有甚于古人者。虽逃世晦名，视子陵高蹈，万万无似。顾以中山方光武，则豁达过之。而光武循历史陈迹，为继世帝王，中山则如华盛倾，为开辟民国第一任总统，气象能力，倜乎远矣。且美之先，以数十人之领袖，则勃黎福也。中山乃以吾国之勃黎福，兼为吾国华盛顿，曾不半载，遂脱专制而达共和。此无论吾国历史所未有，亦光于美史多矣。然则仆之获交中山，使子陵有知，或且旷世而相羡也。

黄宗仰在高度评价开创共和壮举的同时，也把自己与孙中山的友谊，跟东汉高士严子陵与光武帝的历史美谈相比。在他看来，自己虽不能与严子陵不慕仕途、隐居山林的事迹相媲美，但孙中山"开辟民国"的气魄和能力，却绝非"循历史陈迹"的光武帝所能比附；较之领导美国独立战争的华盛顿，也是有过之而无不及。显然，黄宗仰在此套用的"改朔"两字，也绝非一般意义上的"改朝换代"，而是对孙中山缔造民国、开创历史新纪元的赞美，笔底下相知相勉，充满了对孙中山的无限敬仰之情。

4月1日，孙中山正式解除临时大总统职务，表示"今日满清退位，中华民国成立，民族、民权两主义俱达到，唯有民生主义尚未着手，今后吾人所当致力的即在此事"。3日由宁赴沪，4日答《文汇报》记者问，表示退职后当竭力从事社会革命；6日往爱俪园参加统一党章太炎、程德全、熊希龄等举行的欢迎会，当晚再赴南京。黄宗仰感念孙中山为革命不辞劳瘁的伟人风范。

因为黄宗仰的原因，爱俪园在当时成为革命党人政治活动的中心，此间两人多有往来。"二次革命"失败后，孙中山流亡日本组织中华革命党。黄宗仰廓然归山，复充江天寺首座。黄宗仰虽归隐山林，闭关研佛，但对急剧变幻的民国初政局仍静观默察，对孙中山为挽救民主共和的操劳怀有诚挚的敬意和眷念。

1919年7月，黄宗仰以金山分灯，致力于修复栖霞寺。孙中山感念其多年支持，首捐银币万元，以助其力，各方善士闻风募资，乐观厥成。此后，黄宗仰为修复殿宇，不辞劳苦。1921年7月因积劳成疾，圆寂于僧舍，终年56岁。

● 南京栖霞寺内"宗仰上人纪念堂"画像

四、"奉天代表"吴景濂

（1973年—1944年）

吴景濂

吴景濂相传是吴三桂的后人，字莲伯，1873年出生于辽宁宁远农商富户，家道殷实。吴景濂自幼聪慧好学，专心于科举，1897年考取副贡。1900年，八国联军攻占北京，沙俄侵略者乘机占领东北，勾结土匪扰乱地方治安，吴景濂在官府和地方士绅支持下办起团练。

1902年，吴景濂入京师大学堂师范馆。1907年留学日本，翌年归国，被聘为奉天两级师范学堂监督。创立奉天教育总会，担任会长。1908年，日本强行修建安奉铁路，全国舆论哗然。吴景濂挺身而出，在教育界集会上痛言日本之野心，还发动学生抵制日货。1909年春，清政府为缓和阶级矛盾，在政体上实行"预备仿行立宪"，各省设立咨议局。奉天省咨议局（议会）成立时，吴景濂被选举为议长，从此走上政坛。

1911年10月武昌起义后，吴联合奉天各界，力谋响应。奉天革命党人策划独立，推举新军第二混成协协统蓝天蔚为都督（军事长官）、吴景濂为民政长（省长）；但由于东三省总督赵尔巽的实力过强，加上张作霖等清军实力派的干扰，这次设想中的举义没有成功，吴景濂也没有实际就职。但吴景濂已成为清军注意的对象，加上当时南方酝酿成立中华民国临时政府并选举大总统，有人捎消息给吴景濂，请吴景濂参加选举。11月中旬，吴景濂化装离开沈阳，经大连赴上海，与来自十几个省的代表聚集。12月14日，吴景濂与各省代表到达南京，作为东三省的唯一代表，吴景濂积极地与其他代表酝酿临时大总统候选人及选举事宜，于同月29日作为17省的代表之一选举孙中山为中华民国临时大总统。

1912年1月28日，中国历史上第一个具有国会性质的立法机关——中华民国临时参议院在南京正式成立，吴景濂作为奉天省代表成为42名议员之一。因为吉林、黑龙江当时没有产生议员，吴景濂也是东北地区首位国会议员。由于南京临时政府与袁世凯妥协，临时参议院于同年4月底迁往北京。

4月29日，北京临时参议院成立时，议员扩大至113人，代表当时全国22个省和蒙古、青海两个少数民族区域。吴景濂在临时参议院议长的重新选举中脱颖而出，同盟会内定的议长候选人张耀曾以一票之差落选。吴景濂之所以能出人意料地当选为议长，主要原因是：其一，吴景濂不是同盟会会员，也不是立宪派官员，而当时北京政权中这两派争夺得热火朝天，吴景濂两面都不得罪，用当时《申报》所评述之语来说"于新、旧感情均洽"；其二，吴景濂在议员中资历颇深，他是清末第一批省咨议局议长之一，且手段圆滑。民国成立后，参与组建统一共和党的同时又是民社、统一党、共和建设讨论会等政党的发起人或成员，具有多重身份，因此很难具体将其界定为哪党哪派。

任议员时的吴景濂

1912年8月，同盟会与统一共和党等5个政党协商联合组成"国民党"，吴景濂作为统一共和党的代表当选国民党九大理事之一，任国民党北京支部部长。吴景濂参与国民党组建，令袁世凯非常气愤。1913年4月中华民国第一届国会正式成立时，袁世凯及其同党对吴景濂采取不支持态度。在选举众议院议长时，吴景濂与立宪派官员、民主党代表汤化龙展开了激烈争夺：第一轮投票，汤领先吴四票，但汤化龙选票未及半数，依选举规则，重新投票。第二轮汤仍领先，但由于国民党议员的反对，汤仍未过半数，只好休会一天等待最后选举。4月30日，在第三轮投票中，汤化龙最终胜出。吴景濂成为国会众议院议员。

袁世凯为了扫除称帝障碍，下令驱逐国会中的国民党议员，将时任国民党北京市党部负责人的吴景濂软禁三天。1914年年底，吴景濂拒绝袁世凯收买，离京南下，参加反袁护国运动。

1916年6月袁世凯去世后，吴景濂回到北京。新任大总统黎元洪筹备恢复国会，吴景濂感到自己有东山再起之机。8月1日，国会正式复会。1917年5月31日众议院议长汤化龙辞职，吴景濂接替。

1917年6月张勋复辟强迫解散黎元洪国会。后来段祺瑞拒不执行《中华民国临时约法》和恢复国会，引发了孙中山等人在南方发起护法运动。吴景濂与部分议员南下广州响应号召，就任广州国会非常会议众议院议长，并在孙中山大元帅授印仪式上亲致颂词。

吴景濂与孙中山在军政府改组问题上的意见不同，为桂系军阀控制军政府提供了便利。1918年5月，国会非常会议通过"改组案"，由七总裁替代大元帅，排挤孙中山的领导。孙中山离开广州去上海。吴景濂于1921年回到北京，彻底投靠直系军阀。

吴景濂是标准的立宪人士，经过多年阅历，感到"国中军阀，无论南北，俱是一丘之貉"。1923年曹锟贿选总统后，吴景濂在众议院会议上与自己的反对派发生争执，被对方蛮横地用墨盒砸伤，只好灰溜溜离开北京，到天津寓居，从此离开政界。1931年"九一八事变"后，吴景濂多次拒绝日本要他主持东北、华北政务的请求。1944年1月24日，吴景濂在天津病逝，终年72岁。

五、"直隶代表"谷钟秀

（1874年—1949年）

谷钟秀，1874年出生于直隶定县（今属河北省定州市），字九峰，北京大学肄业后留学日本。回到中国后，曾任直隶总督署秘书。辛亥革命爆发后，谷钟秀成为各省都督府代表联合会直隶代表，参与创建南京临时政府。

1912年，谷钟秀成为南京临时政府参议院参议员。1913年，担任宪法起草委员，负责起草《宪法》。1914年，国会解散，谷钟秀到上海创办《中华新报》，和欧阳振声创办泰东图书局并任总编辑。1916年，参加护国战争。袁世凯去世后，任段祺瑞内阁农商总长兼全国水利局总裁。1917年辞职。1922年国会第二次恢复时，谷钟秀仍担任议员，并且是政学会领导人之一。1923年，任收回铁路筹备处总办。1925年，谷钟秀辞职到天津闲居。

谷钟秀

1933年，谷钟秀参加冯玉祥组织的抗日同盟军。1935年12月，被国民政府起用为河北省政府委员兼井陉矿务局局长。1938年6月，升任河北省民政厅厅长，直到1939年2月。抗日战争结束后，被选为北平市临时参议会参议长。1949年12月25日在北京病故，终年75岁。

谷钟秀所著《中华民国开国史》（1914年版）封面

六、"直隶代表"张铭勋

（？—？）

张铭勋，生卒时间不详，河北省霸州市人，毕业于清朝京师译学馆，奏奖举人、直隶候补通判。他是直隶咨议局议员，宪友会的发起人之一。光绪三十四年农历五月，他创立直隶自治学社讲汇所。宣统元年农历三月一日，由该所改组而成的直隶自治研究总所成立。辛亥革命时期，他曾任各省都督府代表联合会直隶代表，参加了选举第一任中华民国临时大总统的投票。

中华民国成立后，他曾历任奉天盖平县行政科员、江苏实业和内务各科科员、太仓县知事。1913年11月23日，国民党直隶支部在中州会馆举行成立会，张铭勋当选副部长。

七、"河南代表"李槃

（1887年—？）

李槃，字古民，1887年出生，河南光州人，赴日本法政大学留学，毕业归国后，1908年任河南法政专门学校教授。1909年，任河南咨议局议员。1911年武昌起义爆发后，他和王月波联络教育界人士准备响应张钟端等人发动的开封起义，但起义失败。

1911年12月他曾作为河南咨议局的代表到南京参加各省都督府代表联合会，后来又任南京临时参议院议员。1912年3月，他成为中华民国民族大同会（后来更名为中华民族大同会）的发起人之一。1912年他任民国国会参议员兼宪法起草委员、参议院法制股常任委员。他还曾任护法国会参议院议员。后来他任浙闽苏皖赣五省联合总司令部军法处长兼第一方面军司令部秘书长、最高法院东北分院推事等职。"九一八事变"后，他投靠日本人。"满洲国"成立后，1932年任最高检察厅厅长直至1939年。去世时间不详。

八、"山西代表"李素

（1869年—1944年）

李素，字位斋，1869年出生于山西省平定县娘子关镇，1893年省试中癸巳科举人后考入保定直隶法政学堂学习法律，毕业后任山西省咨议局议员、省女子学堂董事、山西提学使公署议绅、资政院议员等职，曾于1909年到北京参加国会请愿运动。庆亲王内阁成立后，李素曾在资政院弹劾庆亲王，未成功。此后加入同盟会。

1912年元月28日，孙中山在南京就任临时大总统，宣布中华民国成立。图为参议院议员合影。前排左二起为：李素、蔡元培、黄兴、孙中山、赵仕北、魏宸组、胡汉民

1911年9月，李素从北京回到山西。10月，参加辛亥太原起义并任山西军政府参谋，旋即到娘子关参与军事行动四十多天。12月，李素作为山西代表参加在南京举行的各省都督府代表联合会会议。29日，李素参加中华民国临时大总统选举会。

1912年1月，李素担任南京临时参议院议员，参与了《中华民国临时

约法》的起草。后来他还任北京临时参议院议员。9月18日，孙中山到达正太铁路娘子关站，受到山西民军娘子关前锋司令部执事官蔡荣春等人欢迎，李素陪同孙中山视察了娘子关。

李素反对袁世凯称帝，南下谋划倒袁，后参加护法运动。1927年李大钊在北京遭张作霖追捕时，李素曾帮助李大钊避难于西铁匠胡同24号。日本占领时期，李素不问政治，专心整理诗词典籍。1944年4月在北京病逝，终年75岁。

九、"山西代表"刘懋赏

（1870年—1931年）

刘懋赏生于1870年，字劝功，山西平鲁县安太堡村人。1904年春，刘懋赏作为山西大学堂中斋高等科优秀生，被选送赴日本明治大学分校经纬学堂速成师范班留学，于1905年毕业，其间加入同盟会。1906年，刘懋赏发起争矿权运动，收回了阳泉矿权。1909年，刘懋赏任山西学务公所议绅，1910年被推为资政院议员，创建水利公司。

辛亥革命爆发后，刘懋赏任南京临时参议院、北京临时参议院议员，后当选第一届国会参议院议员。1912年刘懋赏任归化关监督，在袁世凯任中华民国临时大总统后离职。回山西省之后，因为和阎锡山政见不合，遂不再过问政事，专心办实业。曾开办富山水利公司。

刘懋赏

1927年中原大战爆发，刘懋赏任山西各界组织的救济委员会会长，救济战乱中的受难百姓。晚年刘懋赏身体欠佳且失明。1931年5月6日刘懋赏去世，终年61岁。

十、"安徽代表"许冠尧

（？—？）

许冠尧籍贯、生平及事迹不详。1911年，他曾任各省都督府代表联合会安徽代表。1911年12月23日各省都督府代表联合会全体会议上，通报了孙中山即将回国的情况，代理议长景耀月指定马伯援、王有兰、许冠尧作为代表，到上海迎接孙中山。

十一、"安徽代表"赵斌

（？—？）

赵斌籍贯不详。辛亥革命爆发后，赵斌作为安徽代表参加了各省都督府代表联合会武昌时期与南京时期的会议。1911年12月29日，他参加了选举临时大总统会，此次会议选举孙文为中华民国临时大总统。

十二、"安徽代表"王竹怀

(1886年—1926年)

王竹怀生于1886年,字虚亭,安徽省怀宁县人,早年入安徽省立师范学堂就读,后考入保定通国陆军速成学堂,入步科第二期肄业,他的同学有张钫(伯英)、姚琮(味莘)、陈柏生(树藩)、刘依仁等人。宣统年间毕业后,被分配到安徽新军中任职,其间参加革命活动。

1911年武昌起义爆发,11月11日安庆光复,王竹怀参加芜湖光复之役,协助芜湖军政府都督吴旸谷办事,后任各省都督府代表联合会安徽代表,到南京参加会议,并参加了中华民国临时大总统选举会。

1912年1月3日,临时大总统孙中山通电各省要求推举各省参议员组织南京临时参议院。王竹怀被安徽各界推举为参议员,任职于南京。后因上海玉佛寺僧侣因事发生纠纷,到南京政府控诉,参议院推举他到上海进行调解。他从而结识了释太虚。袁世凯继任临时大总统、参议院改选后,他任陆军部部员。在陆军部期间,他于民国二年(1913年)入陆军大学学习,民国五年(1916年)毕业。民国七年(1918年)第一次世界大战期间,北洋政府成立督办参战事务处,段祺瑞任督办(1917年任命),王竹怀任陆军部部员兼参战处高级参谋。

1919年,北京政府内务部再次公布《管理寺庙条例》,鄞慈五邑佛教会推释竹溪、释太虚到北京请愿。释太虚到北京后驻锡法源寺,王竹怀赴法源寺探望。后来释太虚应张仲仁、庄蕴宽、夏寿康等人之邀,在象坊桥观音寺讲授《维摩诘经》,王竹怀、胡子笏、周秉清、陶冶公、倪香谱、杨荦哉、马冀平等人前去听讲。

不久释太虚回南方,王竹怀此后不再去善社听讲,专心学习佛法。次年,他皈依于拈花寺释宝一,发起成立"北京念佛会"。1922年秋,王竹怀向陆军部呈请辞职，南下先回安徽故乡，再到湖北武昌佛学院，依释太虚出家。此后他经安徽到南京宝华山受戒，法名戒慧，字大严，又名释大严，后曾一度兼掌杭州的净梵院，但未离开宝华山。1924年，王竹怀俗家的独子夭折，他的妻子安氏也于1925年和她父亲安福轩居士一同出家。1926年，王竹怀因病圆寂，终年40岁。

十三、"江西代表"王有兰

（1887年—1967年）

王有兰生于1887年，字孟迪，江西省兴国县人，早年读私塾，弱冠即有文名。清末维新思潮兴起后，王有兰致力于新学，江西高等学堂毕业后留学日本中央大学法律本科，其间加入同盟会。1911年，王有兰回国，任江西都督府参议官，不久任各省都督府代表联合会江西代表。

1912年，王有兰任南京临时参议院议员。1913年，当选中华民国第一届国会众议院议员，后参加

王有兰

二次革命。1916年袁世凯去世后，王有兰重任国会众议员。1917年参加在广州举行的广州国会非常会议。1919年，担任云南省昆明市政公所督办。

参议院议员王有兰

1935年，王有兰担任江西省第四区（赣州）行政督察专员。1937年9月，王有兰任江西省第一区行政督察专员兼保安司令。1939年，王有兰被选为江西省临时参议会副议长。1949年，王有兰去台湾。1967年逝世，终年80岁。

十四、"江西代表"俞应麓

(1878年—1951年)

俞应麓出生于1878年,江西省广丰县人,1900年在江西武备学堂求学时,结识李烈钧、欧阳武、彭程万等,开始参与反清革命活动。1905年,俞应麓考取江西留日官费生,据《清末各省留日学生姓名籍贯学校证书号次表》记载,他的证书为二一九九号。在日本他入振武学校,与浙江黄郛、江苏唐凯等为同班同学。后考入日本参谋部测量修技所三角科深造,习军事测绘。在东京与彭程万一同加入同盟会。1910年,俞应麓回国,在南昌办江西省测绘学堂。

1911年10月10日,武昌起义爆发。10月30日晚,俞应麓与彭程万率众配合革命军光复南昌。其后又率军配合黄兴攻占南京。11月28日任江西

1924年11月,孙中山在赴长崎的"上海丸"上对日本记者进行谈话时的情形。图正中为孙中山,其左为戴季陶,其右一为马湘,其右二为俞应麓

都督府代表出席各省都督府代表联合会会议，投票选举孙中山为中华民国临时大总统。

　　1912年后，俞应麓历任江西都督府军务部长、军政司长兼赣军第一师师长、代理督军、都督府高等顾问官等职，后参加"二次革命"。1917年出任广东军政府大元帅府高级参谋，授衔上将。1923年随大元帅府参谋总长李烈钧辅助孙中山击败叛将陈炯明，转战潮州。1924年10月陪同孙中山于11月由上海乘船取道日本转赴天津、北京，并于孙中山病逝后参加治丧事宜。

　　1927年，因受蒋介石排挤，毅然退出军政界，于当年10月还乡，任常玉汽车路股份有限公司董事长。抗战期间，常玉汽车路公司倒闭，俞应麓拒绝出任伪职。1948年9月，俞应麓与中共地下党取得联系，成功策反江西省地方保安团一营，后出任临时治安委员会主任、支前委员会主任。1951年4月，俞应麓受到诬陷，以"通匪反叛"、"贪污公粮"、"恶霸"等罪名被判处死刑，终年73岁。1989年，被公开平反，宣告无罪，恢复政治声誉。

● 1946年的俞应麓

十五、"江西代表"汤漪

（1881年—1942年）

汤漪

汤漪生于1881年，原名文漪，字斐予，江西泰和人，清末举人，留学日本后，毕业于庆应大学，后又赴美国留学。1911年回中国，任各省都督府代表联合会代表、南京临时参议院议员。后汤漪担任袁世凯总统府咨议，是政学会的领导人之一。

1920年，汤漪任广东政务会议参议。1923年，汤漪和李根源等策划拥立黎元洪在天津组织政府，后此事未成功。1925年，汤漪任段祺瑞组织的善后会议副议长，后又任临时参政院参政会副议长。抗日战争期间，汤漪于1938年起任行政院赈济委员会委员。1942年4月15日，汤漪在重庆去世，终年61岁。

十六、"浙江代表"汤尔和

（1878年—1940年）

汤尔和出生于1878年，原名汤槱，字调鼐，浙江杭州人。1903年留学日本，就读于成城学校，学习军事。同年，五百余名中国留学生集会于东京锦辉馆，在声讨俄国侵略行径之后，决议成立拒俄义勇队。汤尔和被推为拒俄义勇队临时队长，和钮永建归国，谒北洋大臣袁世凯请缨，无果南归。

1904年回国后，任浙江高等学堂音乐教员。1907年，再次留学日本，改学医学，就读于金泽医学专门学校。后又留学德国柏林大学，获得医学博士学位。1910年回中国，任浙江高等学堂教务长兼校医。并当选浙江咨议局咨议。同年创办浙江病院，自任副院长兼内科医师。

汤尔和

1911年武昌起义后，代表浙江赴武昌，出席各省都督代表会议，12月14日，在南京的全体代表会议上，被选为临时议长。

1912年南京临时政府成立后，任浙江都督府民政司佥事。后筹办国立北京医学专门学校（北京医科大学的前身），并任校长。后任中华民国教育部次长、总长，内务部总长，财政部总长等职。

1929年得日本东京帝国大学医学博士学位。1937年12月14日，侵华日军在北平成立傀儡政权中华民国临时政府，汤尔和为议政委员长。1940年3月，汪精卫政权在南京成立，中华民国临时政府改称华北政务委员会，汤尔和任华北政务委员会常委兼教育总署督办。同年11月8日，汤尔和因病在北京病逝，终年62岁。

老年汤尔和

十七、"浙江代表"黄群

（1883年—1945年）

黄群

黄群1883年出生于浙江温州一个经商家庭，原名冲，字旭初，1901年赴杭州师从养正书塾总教习陈介石、求是书院宋恕。1902年，陈介石、宋恕携黄群、马叙伦、汤尔和等学生从杭州到达上海。陈介石在上海主编《新世界学报》，黄群参与编撰。1904年，黄群留学日本早稻田大学学习政法，归国后在湖北督署调查局、政法学堂任职。

1911年10月武昌起义爆发后，黄群回到浙江协助陆军第八十二标标统周承菼光复杭州，周承菼任浙江军政府总司令。1911年11月，黄群、汤尔和等5人作为浙江都督府代表，到上海参加各省都督府代表联合会会议。后来黄群又到武昌参与制订《中华民国临时政府组织大纲》。

1912年，黄群任南京临时参议院议员，参与制订《中华民国临时约法》。1913年，他任第一届国会众议院议员，参加共和党（后改组为进步党），参加反袁运动。袁世凯去世后不久，黄群离开政界从商，所办的通易公司在1936年倒闭后，到日本隐居。

卢沟桥事变爆发后，1938年汪精卫发表"艳电"要"与日本政府交换诚意，以期恢复和平"。1939年2月，高宗武到日本小滨拜访黄群，黄群劝高宗武脱离汪精卫。后高宗武安排黄群返回上海。回到上海后，高宗武安排黄群会见汪精卫。此后他对汪精卫不再抱希望，并帮助高宗武策划秘密出走，曾到重庆与蒋介石商谈高宗武出走计划，后来形成"高陶事件"。1941年他到香港九龙居住，后来到重庆居住，住在友人谢侠逊家。1945年黄群在重庆逝世，终年62岁。

十八、"浙江代表"陈时夏

（1876年—1928年）

陈时夏生于1876年，字季衡，号于庵，浙江鄞县人，早年留学日本，入东京法政大学，后加入同盟会。1909年任浙江咨议局副议长。1911年他和陈训正、张进枃、林端辅等成立宁波国民尚武分会。

1911年武昌起义后，浙江杭州于11月5日宣告起义，成立浙江都督府，陈时夏任秘书长，后在吕公望和汤寿潜之间短暂（约一星期）代理过浙江督军兼省长。他作为各省都督府代表联合会浙江代表到南京参与组织临时政府，后曾任北京临时参议院议员。他还担任过浙江省司法长、政法学校校长，长期担任浙江省参议会副议长。

1923年曹锟贿选，宁波籍议员陈时夏、张申之均拒贿，与其他浙江籍议员褚辅成、沈钧儒、陈黻宸等返回浙江。不久，他南下广州任非常国会参议会议员。后他因积劳成疾而回家乡养病，不久病逝，享年52岁。

十九、"浙江代表"屈映光

（1883年—1973年）

屈映光

屈映光生于1883年，字文六，浙江省台州府临海县人，1907年毕业于杭州赤城公学，后加入光复会。1911年宣统三年辛亥革命爆发，杭州响应。1912年8月，屈映光任浙江都督府民政司司长。1913年2月任浙江省内务司司长。1913年8月，任浙江省署民政长。1914年5月，任浙江省巡按使（民政长的改称）。

袁世凯死后，屈映光投靠皖系。1918年，任北洋政府国务院顾问、授"赞威将军"。1919年7月，署山东省省长，和同属皖系的山东督军田中玉进行权力斗争。起初，在皖系军人马良的支援下，屈映光对田中玉占有优势。1920年7月，皖系在直皖战争中败北，屈映光下野。

1921年，屈映光任大总统府顾问。1924年10月，和褚辅成等人在宁波组织浙江自治委员会，一度宣布浙江独立，旋即失败。1925年（民国十四年）2月，任善后会议会员。1926年（民国十五年）3月，任内务总长兼赈务督办，同年5月辞任，赴欧洲考察。

1927年归国后，屈映光在上海隐居。1929年，接受密宗灌顶法，称"法贤上师"。1938年5月，任国民政府赈济委员会副委员长，翌年3月任国民政府军事委员会战地党政委员会委员。中华人民共和国成立前夕，屈映光迁往台湾，任总统府国策顾问，专心研习佛教。1973年，屈映光去世，终年90岁。

二十、"浙江代表"陈仪

（1883年—1950年）

陈仪生于1883年，字公洽，浙江绍兴人。1902年到日本留学，其间曾参加光复会。1907年日本士官学校第五期炮兵科毕业，1909年回中国。1911年辛亥革命时参加浙江独立运动。1912年任浙江都督府陆军部长，兼陆军小学校长。

1914年，陈仪应召到北京任政事堂统率办事处参议，1916年到日本陆军大学深造，1919年回国后任总统府中将顾问、浙江地方实业银行董事长。1924年10月直系孙传芳入浙，委任夏超为浙江省长，陈仪为浙军第一师师长。1925年被任命为徐州总司令。

陈仪

1904年，陈仪（前右）与鲁迅（后右）、许寿裳（后左）、邵文镕（前左）摄于日本东京

1927年南京国民政府成立后,陈仪先后出任国民党军委委员、军政部兵工署署长、军政部常务次长、福建省主席兼绥靖主任等职。抗战期间,因

图1 1939年,陈仪(左)任福建省主席时,与兄弟陈威摄于福建南平
图2 1945年10月25日,陈仪(右)在台北公会堂接受大日本帝国第十方面军参谋长谏山春树(左)的投降书

出任台湾省行政长官时的陈仪

被控在闽施政不当,遭撤职返回重庆,任行政院秘书长、考核委员会主任委员等职。第二次世界大战结束后,任台湾省行政长官兼台湾省警备总司令部总司令,因"二二八事件",于1948年6月调任浙江省政府主席,尝试策反汤恩伯投共失败,被免职软禁。1950年6月,以匪谍案被台湾军事法庭处死。

二十一、"广东代表"王宠惠

（1881年—1958年）

王宠惠字亮畴，祖籍广东东莞，1881年生于香港一个基督教牧师家庭，自幼学习英文，是香港圣保罗书院校友。1895年入天津北洋西学学堂二等学堂（今天津大学前身）法科预科。孙中山和王宠惠的父亲王煜初交往甚深。两家交往的深度可由下面的事情见其一斑：孙中山曾经因为策划起义未遂而被清政府通缉，在这危急时刻，王宠惠的哥哥王宠勋在1895年重阳节结婚，正被通缉的孙中山居然冒死前往广州赴喜宴。

早年王宠惠

1900年，王宠惠毕业后任上海的南洋公学教官。1901年留学日本学习法律、政治。在日本，发起成立国民会，并任《国民报》英文记者，后与冯斯栾、郑贯一、冯自由等发起组织广东独立协会。此后他留学美国。在美国耶鲁大学获得民法学博士。

1904年，王宠惠与孙中山在美国会面，并协助撰写了《中国问题的真解决》英文稿并发表。孙中山对王宠惠的法学才华十分器重，在王宠惠毕业以后游历欧洲期间，孙中山于1905、1910年两次出游欧洲，都约王宠惠晤谈，嘱咐他在留学生中发展同盟会会员，并为革命筹款。王宠惠在革命者中的元老地位也由此确立。孙中山视王宠惠为革命储备的外交、法律人才，多次资助鼓励他。

1911年9月，王宠惠归国，辛亥革命爆发后，王宠惠出任上海都督陈其美的顾问。在南京召开的各省

法学家王宠惠

都督府代表联合会会议中,王宠惠作为广东代表出席,被推举为会议的副议长。

1912年南京临时政府成立后,孙中山提名王宠惠任外交部总长,立刻遭一些以"资历尚浅,不如伍廷芳老练持重"为由反对。孙中山知闻后,同意更改内务部总长宋教仁与教育部总长章太炎提名,却坚持任命王宠惠出任外交部总长这一要职。

孙中山的任命才一公布,即引起了各方的非议,尤其是上海粤籍绅商反对尤甚,他们认为不任命伍廷芳为外交总长"事属失察",他们不但准备召开集会进行抗议,甚至于广肇公所认借给临时政府的四十万两白银也扬言拒付。此时,民国肇建,百废待兴,临时政府的财政处处捉襟见肘,粤籍绅商的举动,给刚刚成立的南京临时政府造成了不小的压力。

中年王宠惠

孙中山将临时政府的外交视为各项工作的首务,当然他不想将外交重任委以旧官僚出身的伍廷芳,坚定地任命王宠惠主掌外交。另外孙中山考虑到伍廷芳资格较老,有诸多不便,而用"新人"可以随时指示。当王宠惠以资历不够请辞时,孙中山鼓励道:"要破除所谓官僚资格,外交问题我会亲自决定的,你不要害怕。"外交部是九部中唯一设在总统府内的部门,直到3月2日,才迁到鼓楼前狮子桥新址。可见孙中山对王宠惠及其外交部的重视。

王宠惠取代著名外交家伍廷芳出任临时政府外交总长一职时年仅30岁。在这个职位上,虽然当时整个临时政府的地位并没有得到列强的支持,但王宠惠仍然成功地处理了荷属爪哇华侨被殴杀事件,迫使荷兰政府惩治了杀害我华侨的凶手。这使广大海外华侨第一次感受到了祖国的强大支持。

袁世凯接任临时大总统后,唐绍仪第一次组阁,王宠惠转任司法总长,反对袁世凯称帝。北洋政府统治期间,先后出任法律编纂会会长、大理院院长、北京法官刑法委员会会长、法理委员会会长,并在1922年署理两个月的国务院总理,组成"好人政府"。

曾有人对王宠惠开玩笑说,如果他保留他(在香港)的出生证明,那么就可以持有英国护照了。对这种没有民族担当精神的媚外言论,王宠惠正言厉色地回应道:"我早年追随国父(指孙中山)革命,主要在推翻满清,打倒帝国主义。我最痛恨的是依附外国势力,我的出生证在早年离开香港时,即自行销毁了。"王宠惠把这种爱国主义的气节带到了国际外交上,在外交场合,他为了维护民族和国家的利益,绝不妥协。

1928年,王宠惠出任南京国民政府首任司法院院长,翌年再度当选国

南京临时政府外交部全体同仁合影。前排左四为外交总长王宠惠,左五为外交次长魏宸组

际联盟的常设国际法院法官。1931年奉蒋介石之命制定《中华民国训政时期约法》。1937年3月，王宠惠任国民政府外交部长，是抗战期间的国民政府外交舵手。1946年11月他出席制宪国民大会，参与《中华民国宪法》的制定工作。1947年以广东省第一高票，在家乡东莞县当选第一届国民大会代表。1948年当选中央研究院院士。同年6月，蒋介石提名王宠惠为司法院院长。1958年在台北病逝，终年77岁。

二十二、"广东代表"邓青阳

(1884年—1960年)

邓青阳生于1884年,字秀吉,广东三水人,早年留学日本明治大学,毕业后获法学士学位,其间加入中国同盟会。1911年,他回到中国。武昌起义爆发后,任北伐军总司令部顾问。后来他被推举为各省都督府代表联合会广东代表,到南京参加会议,并参加了中华民国临时大总统选举会。

这张高清的摄于1911年12月29日"中华民国临时大总统选举会代表合影",系1927年8月由邓青阳翻拍。该照片上附有出席会议的17省代表名

邓青阳

单:奉天代表吴景濂,直隶代表谷钟秀、张铭勋,河南代表李槃,山东代表谢鸿焘,山西代表景耀月、李素、刘懋赏,陕西代表张蔚森、马步云,江苏代表袁希洛、陈陶怡(遗),安徽代表许冠尧、王竹怀、赵斌,江西代表林森、赵士(仕)北、吴铁城、王有兰、俞应麓、汤漪,浙江代表汤尔和、黄群、陈时夏、屈映光、陈毅,福建代表潘祖彝,广东代表王宠惠、邓青阳,广西代表马君武、章勤士,湖南代表谭人凤、邹代藩、廖名缙,湖北代表马伯援、王正廷、杨时杰、胡瑛、居正,四川代表萧湘、周代本,云南代表吕志伊、张一鹏、段宇清,共44人。另有徐绍桢、程德全派来的代表监票员刘之洁,另三人待考。照片上共有47人。

袁世凯接任临时大总统后,邓青阳在苏州、杭州一带闲游。1913年参加二次革命失败后,参与恢复国民党广东省支部。1918年,他到南洋视察党务。1921年他回国任矿务局秘书。1923年,他随孙中山到广东,任中国国民党广东省支部总务科主任。1924年1月,他参加国民党改组会议,改

邓青阳翻拍并题字的中华民国临时大总统选举会代表合影

任中央监察委员会秘书长。1927年8月，他任南京国民政府司法部参事，不久辞职，任南京市清党委员。1928年，他任中国国民党广东省党部改组委员、中央党部经济委员会副主任委员。1929年3月，他当选中国国民党第三届候补中央监察委员。1931年12月，他当选中国国民党第四届候补中央监察委员。1932年，他任西南政务委员会委员及常务委员，兼特别法庭庭长。1935年11月，他当选中国国民党第五届候补中央监察委员。1936年，他任国立广东法科学院院长。1937年抗日战争爆发后，他任国民政府军事委员会军风纪第四巡察团中将委员。抗日战争胜利后，他当选立法院立法委员，中华人民共和国成立前夕去台湾，1960年病逝，终年76岁。

二十三、"广西代表"马君武

（1881 年—1940 年）

马君武，名和，号君武，生于 1881，广西桂林人，早年就读于桂林体用学堂。1901 年入上海震旦学院，同年冬赴日本京都大学读化学。1905 年 8 月第一批加入同盟会，和黄兴、陈天华等人共同起草同盟会章程，并为《民报》撰稿。1905 年底回国，任上海南洋公学教习。1907 年赴德国，入柏林工业大学学冶金。首次翻译并发表《共产党宣言》纲领。

马君武像

1911 年武昌起义爆发后回国，马君武积极奔走沪宁之间，是各省代表会中的活跃分子，传达孙中山的思想精神，并作为广西代表参与起草《临时政府组织大纲》和《中华民国临时约法》。

1912 年，南京临时政府成立后，马君武当选各省都督府代表联合会副议长，后任南京临时政府实业部次长。后出任北京国会参议员。1913 年二次革命失败，马君武再赴德入柏林大学。1916 年获工学博士回国，恢复国会议员职。1917 年在国会辩论中，反对一次大战期间中国对德宣战，并动手追打反对议员李肇甫。同年 7 月南下广州参加孙中山护法运动，任广州军政府交通部长。

1921 年任孙中山非常大总统总统府秘书长，并一度任广西省省长。1924 年和冯自由、章炳麟等人发表宣言，反对国民党改组和联俄、联共、扶助农工等三大政策。同年出任上海大夏大学首任校长。1925 年出任北洋政府司法总长、教育总长，被国民党第二次全国代表大会开除党籍。1928 年创办省立广西大学，曾三任广西大学校长。1931 年"九一八事变"后马君武作诗《哀沈阳》两首，讽喻张学良。1940 年在桂林病逝，终年 59 岁。

二十四、"广西代表"章勤士

（1885 年—1924 年）

章勤士生于 1885 年，原名士夔，字陶严，是章士钊的弟弟，湖南省善化县人，幼年随章士钊在江南陆师学堂学习，1904 年到日本留学，先后入早稻田大学高等预科、第三高等学校特设预科，毕业后入早稻田大学政治经济科，获法学士学位。

章士钊（右）与胞弟章勤士（左）1905 年摄于东京。时苏报案和行刺广西巡抚案风波刚刚过去不久

1911 年武昌起义爆发后，章勤士回国和马君武任各省都督府代表联合会广西代表。"二次革命"爆发后，他积极参加反袁活动。后来他任职于北洋政府教育部。1922 年 12 月任京师图书馆主任，1924 年逝世，终年 39 岁。

二十五、"湖南代表"谭人凤

（1860年—1920年）

谭人凤生于1860年，号有时，字石屏，晚年自号雪髯，人称谭胡子，湖南新化县人。谭人凤早年加入洪门，曾中秀才，1890年后以教书为业，同时在乡中开设山堂"卧龙山"。1904年，因支持华兴会开展反清活动，被迫流亡日本东京；后在黄兴介绍下加入中国同盟会，先后参加镇南关起义、黄花岗起义等武装活动。1911年7月，与宋教仁等人发起成立中国同盟会中部总会，被推举为总务干事、总务会议议长。

谭人凤

武昌起义爆发后，谭人凤前往武昌协助军政府工作。1911年底，北洋军兵临武昌城下，军政府领导人黎元洪和黄兴先后逃离武昌，谭人凤于12月6日被推举为战时总司令，率军坚守武昌。黄兴赞誉他"能争汉上为先著，此复神州第一功"。湖南代表谭人凤"是多年的老党人，与孙中山不和"，选举临时大总统时，将票投给了黄兴。

中华民国成立后，谭人凤反对与袁世凯议和，策划北伐。南北议和后，谭人凤反对袁世凯出任中华民国总统，也反对宋教仁改组同盟会为国民党走议会道路，出任长江巡阅使闲职。

1913年，宋教仁被暗杀，谭人凤返回湖南策动谭延闿参加二次革命，失败后流亡日本。1915年回国参与护国战争。后又追随孙中山在1917年发起的护法战争。1920年病逝于上海，终年60岁。

二十六、"湖南代表"邹代藩

（1861年—1922年）

邹代藩生于1861年，字价人，湖南新化县罗洪村（今隆回县罗洪乡）人，戊戌变法期间曾参与维新，创办了新化速成学堂、罗洪小学。1903年冬，邹代藩和周震麟编写了宣传品《血泪书》，抨击朝廷，宣传反满革命。1905年，他参加中国同盟会，此后他和姻亲谭人凤在湖南、湖北、江西、南京、日本等地，其头颅被清廷悬赏五十万元。

1911年武昌起义成功后长沙起义成功，邹代藩任宝庆军政分府都督。此后任各省都督府代表联合会湖南代表，在南京参加了联合会会议以及中华民国临时大总统选举会。中华民国成立后，邹代藩担任湖南湖田局局长。1922年冬，邹代藩病逝，终年59岁。

二十七、"福建代表"潘训福

（1873年—1930年）

潘训福

原名潘祖彝，又名潘伟，字训初，福建南平人，潘训福是清朝末年最后一科生员。清光绪廿九年（1903年），潘训福在上海和林森、林述庆等人组建旅沪福建学生会。同盟会成立后，旅沪福建学生会加盟。潘训福后任中国同盟会中部总会财务总干事。辛亥革命爆发后，潘训福任各省都督府代表联合会福建代表，南京临时参议院、北京临时参议院秘书长、参议员，后遭袁世凯通缉。1923年，潘训福当选参议员后北上，被曹锟收买。1930年去世，终年57岁。

二十八、"湖南代表"廖名缙

（1867年—1927年）

廖名缙生于1867年，字笏堂，湖南省泸溪县浦市镇人，幼年丧父，1897年乡试考取拔贡后以官费留学日本速成师范。学成归国，历任浏阳县教谕、湖南新军统领、江西常备军统领、湖南武陵道和四川永宁道道尹等职。廖名缙在江西任巡防营统领时，设兴中会分部于吉安，与宜丰的我群社和南昌的易知社互相联络。1904年秋，华兴会也派陈天华、姚宏业赴赣与廖名缙联络。廖名缙参加了江西同盟会的早期活动，萍浏醴起义失败后，他恐清廷兴党狱，迅速遣散同志，使清吏查无所获，自己却遭疑忌而被罢免。

1911年7月，廖名缙在湖南参加辛亥革命，为湖南支部候补评议员，主张君主立宪，后被谭延闿赏识成为幕僚，并任各省都督府代表联合会湖南

1904年，江西材官队教练官林虎、赵世瑄、郭人漳、李君、汪律市、廖名缙、蔡锷等人合影

代表。在确定孙中山、黄兴、黎元洪三位临时大总统候选人的预先讨论中，有人认为黄兴在国内组织革命、呕心沥血、劳苦功高，临时大总统非他莫属！孙中山只不过是在国外做宣传和筹款，于是，争论非常激烈。廖名缙关键时刻积极呼吁：黄兴与黎元洪矛盾尖锐，不可调和，二人中任何一人当选都不可取，孙中山乃天下公认之领袖，唯有孙中山能掌控国家大局！宋教仁、于右任等同盟会会员身份的议会代表鼎力呼吁要顾全大局并说服代表们统一推举孙中山，在廖名缙等人的努力下，孙中山以高票当选。

1914年，廖名缙当选为第二届国会议员，驻北京，其间他兼任北京《平民新报》主笔，并应朋友熊希龄的邀请，任香山慈幼院副院长。国会解职后，廖名缙寓居长沙，曾在几所中学任教。

1914年6月14日，他和刘人熙等在长沙创办船山学社，刘人熙、彭政枢、廖名缙、石广权为社长。1915年8月20日，刘人熙、曹佐熙、徐明谔、彭政枢、廖名缙等人倡议创办了《船山学报》。廖名缙生活不拘小节，淡泊名利。退出政界后，谢绝参加政治活动，常以书画琴棋诗酒自娱。晚年笃信佛教，从事佛学研究，兼任9世班禅大师洛桑土登·曲吉尼玛秘书长。1927年，廖名缙病逝，终年60岁。

二十九、"湖北代表"王正廷

（1882年—1961年）

王正廷原名正庭，字儒堂，号子白，1882年出生于浙江奉化一个基督教牧师家庭。王正廷自幼接受洗礼，10岁时入上海的中英学校学习英文。1896年入天津北洋西学堂二等（预科）学习，后来升入头等（本科）学习。此后，他先后在中英书院、湖南长沙明德学堂担任英文科主任。

1905年，王正廷应中华基督教青年会总干事之请，赴日本留学，在日本创设中华基督教青年会分会。同年，加入中国同盟会。1907年，在教会的支

● 早年王正廷

援下，王正廷赴美国留学，先在密歇根大学学习，后转入耶鲁大学学习法律。1910年毕业后，进入耶鲁大学研究院学习，专攻国际公法。

1911年，王正廷归国期间，武昌起义爆发，王正廷遂赴湖北省，出任中华民国军政府鄂军都督府外交副司长，后来升任司长，负责外交事务。同年12月，在南北议和中，王正廷出任南方代表伍廷芳的参赞。

1912年1月，王正廷当选为南京临时参议院副议长。同年3月，袁世凯就任临时大总统，唐绍仪出任国务总理，王正廷出任工商部次长。但同年6月，唐绍仪被迫辞职，王正廷退居上海。此后，王正廷出任中华基督教青年会全国协会总干事。

1913年，王正廷作为国民党党员当选第一届国会参议院议员、副议长。3月，宋教仁遇刺身亡，王正廷从事反袁世凯的活动，但随着二次革命失败，王正廷逃往中国南方，参加孙中山的护法运动。

1913年，王正廷代表中国，与日本、菲律宾共同组成了亚洲第一个国

际性体育团体——远东体育协会,并于同年在菲律宾马尼拉举办了第一届远东运动会。这也开启了王正廷热衷于体育事业,后被誉为中国的"奥林匹克之父"。

中年王正廷

1919年巴黎和会召开,王正廷作为护法军政府代表,同北京政府代表陆征祥、顾维钧等人一起组成中国代表团参加和会,拒绝签署《凡尔赛条约》。王正廷在归国后,在北京政府先后出任鲁案督办、署理外交总长、代理国务总理、外交总长、财政总长等职。

1928年开始,王正廷在南京国民政府先后出任国民政府外交部长、驻美国大使等职。卸任驻美大使后,王正廷从政界引退。抗日战争结束后,王正廷历任中国红十字会会长、中华全国体育协进会理事长、交通银行董事、菲律宾交通银行董事长、太平洋保险公司董事长等职务。1961年在香港逝世。终年79岁。

三十、"湖北代表"杨时杰

(1881年—1956年)

杨时杰生于1881年,原名志铭,字舒武,法号慧杰,湖北沔阳(今仙桃市)人。1905年,杨时杰官费留学日本,入东京弘文学院普通科,1906年他转入东斌学校警宪科,毕业后又入中央大学法政科,1906年3月加入中国同盟会。1910年,他毕业回国,在武汉和孙武、李作栋(字春萱)、杨玉如(字宝珊)、彭楚藩等秘密组织湖北共进会。

1935年的杨时杰

1911年5月11日,共进会代表杨时杰、杨玉如、李作栋与文学社代表刘复基、王守愚、蔡大辅等,在武昌长湖西街8号(龚霞初寓所)共同商讨两组织的联合事宜。武昌起义后,他被推举为鄂军都督府内务部部长、战时总司令部督战员。后他任各省都督府代表联合会湖北代表,并在南京参加中华民国临时大总统选举会。

1912年,他任黎元洪临时副总统府顾问,和宋教仁等人在北京组织中国同盟会本部,和田桐等人出版《国光新闻》。1913年,他当选第一届国会众议院议员。宋教仁遇刺身亡后,他到湖北图谋讨袁,失败后他到日本并加入中华革命党。1915年,他在汉口筹办《大中华日报》,反对袁世凯称帝。1916年黎元洪任总统并重开国会,他参与发起成立丙辰俱乐部,主张中国对德国宣战。1917年,他追随孙中山南下,任大元帅府参议、靖国军总司令部高等顾问。1923年曹锟贿选时,他倡议并率"三十三号议员团"一百三十余人拒贿。1927年,他帮助居正办《江南晚报》。

"九一八事变"后,时任司法院最高公务员惩戒委员会委员的杨时杰参加了南京国民政府在洛阳召开的国难会议。抗日战争爆发后,他随司法院迁

1953年的杨时杰

到重庆，曾拜缙云寺方丈释印光为师，研习佛学，印光赐他法号"慧杰"。1942年，他因为父亲奔丧而回到故乡沔阳，曾经在沔阳组织游击自卫军抗击日军，和新四军多有交往。1944年冬，汉沔中心县成立参议会，杨时杰应邀参加。抗日战争胜利后，国民政府还都南京，他未返回南京司法院任职。1946年，他举家从家乡迁居武昌。

中华人民共和国成立后，杨时杰被聘为湖北省文史研究馆馆员。1953年，他被特邀为湖北省政协委员。1956年秋，杨时杰因病去世，终年75岁。

三十一、"湖北代表"胡瑛

（1884年—1933年）

胡瑛生于 1884 年，字经武，号萱庵，湖南省常德府桃源县人，与宋教仁同乡。小时候在长沙读书，16 岁自长沙经正学校毕业。曾肄业湖南明德学堂，为黄兴弟子，因结党暗杀劣绅王先谦未成，持黄兴信函走避武昌吴禄贞寓所，旋矢志投入湖北陆军第八镇工程营充兵士。其为人年少英挺，善词说，入伍后识张难先，两人从此遂藉饭后休闲讲演以激励士兵。

1904 年 2 月，胡瑛参加了黄兴组织的华兴会。自黄兴创立华兴会后，胡瑛及宋教仁在湖北计议从速成立机关准备响应，于是分途联络军界、学界同志，发起组织科学补习所，故意标明

胡瑛像

研究科学，以愚弄官府耳目，实则此为武昌有革命机关之始。3 月，他赴武昌任华兴会湖北支部总理。6 月，科学补习所举行成立大会，公推湖北高等学堂高材生吕大森为所长，胡瑛为总干事，宋教仁为文书，各军营各学堂均置干事，分途运动，其中主要工作之一，即为介绍新兵入伍。盖会员刘敬安任职马队书记，如张之洞有招兵计划，刘必先知，即转胡瑛。因之湖北新军中，大半系科学补习所介绍之党人。革命起义失败后该所被查封。同年冬，他刺杀铁良失败，流亡日本。最初他入陆军士官学校，后转入早稻田大学政治经济学部。8 月，中国同盟会在东京成立，他当选评议员。

1906 年 12 月，他接受孙文指示归国，在湖北省从事革命活动。1907 年 1 月，他因"日知会案"而被清朝政府逮捕入狱。1909 年夏，他被判"永远

监禁"。在狱中,他和革命派秘密取得联络。1911年10月武昌起义爆发。湖北新军之起义革命,固非偶然,而当时办理此事非常忙碌之刘敬安、胡瑛、宋教仁等功劳尤足多焉。胡瑛被革命派救出,任湖北军政府外交部部长。此后他任各省都督府代表联合会湖北代表,到南京参加联合会会议,并参与组织中华民国临时政府。

1912年南京临时政府成立后,胡瑛先出任临时议和参议,后被孙中山任命为山东都督,在烟台组织山东军政府。1912年2月,胡瑛抵达烟台就任,将烟台作为山东临时省府。3月15日袁世凯下令所有清朝的督抚改为都督,原山东巡抚张广建改任山东都督职,胡瑛于3月19日辞职。3月25日袁世凯免胡瑛都督职,烟台山东军政府解散。此后,他曾被袁世凯改任为新疆青海屯垦使,他没有就任。此后,胡瑛加入宋教仁组织的国民党,并当选第一届国会参议院议员。

✍ 1905年,华兴会主要领导人摄于日本东京。前排左起:1黄兴,2未知,3胡瑛,4宋教仁,5柳扬谷;后排左起:1章士钊,2未知,3程家柽,4刘揆一

1913年，宋教仁被暗杀后，他参加"二次革命"讨伐袁世凯。"二次革命"失败后，他和黄兴流亡日本。翌年8月，他和黄兴、李根源等人组织欧事研究会。同年冬归国。后袁世凯邀请胡瑛赴北京为其幕僚。

1915年8月，胡瑛、杨度、孙毓筠、严复、刘师培、李燮和组织筹安会，支持袁世凯即皇帝位。1916年，袁世凯称帝失败，6月袁死去，胡瑛隐居。胡瑛因辛亥革命时的功绩而没有被追究组织筹安会的罪责。

1917年7月，孙文领导的护法运动开始，胡瑛南下参加，复归孙文阵营。1917年冬，他任湘西招抚使。翌年，他任靖国军第三军军长。1924年，胡瑛接受孙文之命，到北方担任联络冯玉祥的工作，此后参与冯玉祥的北京政变。

国民革命军北伐开始后，胡瑛任山西阎锡山驻南京代表。"中原大战"开始，胡瑛任第十路总指挥。反蒋军败北后，胡瑛被通缉，逃入汉口租界。"九一八事变"后，胡瑛的通缉令被取消，胡瑛复归南京国民政府。胡瑛此后因患病而住进医院，1933年在南京病逝，终年49岁。

三十二、"四川代表"萧湘

(1871年—1940年)

萧湘字秋恕，四川省重庆府人，清朝进士，后迁居涪陵。1902年，萧湘乡试中举，1903年中进士，授刑部主事。后来被派赴日本法政大学留学。其间，他和蒲殿俊、梁启超来往密切，他还参加了中国同盟会。

1906年5月，萧湘、蒲殿俊等在东京成立川汉铁路改进会，要求清政府将川汉铁路由官办改为商办。1908年秋，萧湘、蒲殿俊从日本回国，被清政府授法部员外郎。1909年10月14日四川咨议局在成都成立，他任四川咨议局董事议员、副议长、董事，曾发起成立宪友会，曾参加国会大请愿和保路运动，结果被湖广总督瑞澂拘押于武昌，直到武昌起义后方获释。

此后，萧湘成为各省都督府代表联合会代表。1923年他回到涪陵定居，脱离了政界。回乡后，他在涪陵崩土坎创办了凉塘义渡，为来往旅客提供免费摆渡。他还创建了涪陵第一个图书馆——存古图书馆。1940年，萧湘在涪陵杨家院病逝，终年69岁。

三十三、"四川代表"周代本

(？—？)

周代本，生卒时间不详，四川省广安州人，原是广安州文生，后留学日本法政大学。归国后，任重庆法政学堂监督，后在四川保路运动中任保路会代表，到湖南联合争路废约。辛亥革命爆发后，他被蜀军政府派到上海购买军械，并与各省都督府代表联合会代表在湖北开会议事。其后他曾任南京临时政府参议院议员。

三十四、"云南代表"张一鹏

（1873年—1944年）

张一鹏生于1873年，字云博，江苏省苏州府吴县人，早年进入南洋公学，后辍学并加入兄长张一麟创始的苏学社。1893年中举后，赴日本留学，毕业于法政大学速成科。归国后历任法部主事、京师地方检察厅厅长、吴江地方检察厅厅长、云南高等检察厅检察长。从云南回乡后，任《时事新报》主编。

1911年辛亥革命爆发后，张一鹏出任各省都督府代表联合会云南代表。中华民国成立后，他任江苏司法筹备处处长、北京政府平政院评事兼第三庭庭长。1913年，他下令撤销江苏省内36所初级审检厅，遭到省内各阶层反对。不久，他处理宋教仁遭暗杀事件，终于被迫辞任。

1917年8月，张一鹏任江西省财政厅厅长。同年12月升任北洋政府的署理司法部次长。1920年7月任萨镇冰临时内阁代理司法总长。在此期间，他任东吴大学教授。1927年3月，国民革命军在苏州成立吴县临时行政委员会，张一鹏任主席兼民政局局长。同年6月辞职后在上海当律师。

1943年12月，张一鹏任汪伪南京国民政府司法行政部长。上任前，张一鹏说："人家以为南京政府（按指汪伪政权）是有传染病的，而我是戴了口罩去的，我保证自己不会被传染。"1944年7月，张一鹏因在视察监狱时感染斑疹伤寒而去世，终年71岁。

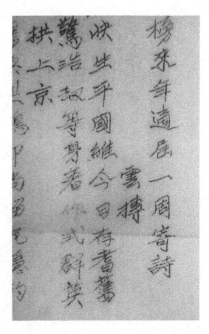
张一鹏任汪伪国民政府司法行政部长时的诗稿

三十五、"云南代表"段宇清

(1869年—1913年)

段宇清生于1869年,字漱泉,号梦奎。云南保山上巷街人,1903年中举人,1909年当选云南咨议局副议长。1910年,他出面解决了盐荒期间政府增加盐税的问题,免去了盐税。后云南当局筹集云南铁路股本,加重人民负担,段宇清建议当局取消。1910年冬,英国侵犯片马,并依据《庚子条约》来云南开采七府矿产。段宇清作为咨议局联合会代表到北京,上呈《筹滇条议六则》,获清廷采纳。同时他向外务部提出,片马是中国领土,应坚持与英国公使交涉,寸土不让。后来他风闻清廷似态度软化,便向在京各方人士呼吁支持。

1911年辛亥革命爆发后,段宇清帮助蔡锷、李根源、罗佩金、谢汝翼、殷承瓛等人起义。后段宇清、吕志伊被推为各省都督府代表联合会代表,赴南京。此后他任南京临时参议院、北京临时参议院议员。在北京临时参议院会议上,段宇清主张"民国无种族阶级之分,边区各土司区之土民亦属同胞,均有选举权与被选举权"。此条后被列入宪法。他还在会议上将片马事件列入议事日程,促请外交部同英国公使交涉。

袁世凯任中华民国临时大总统后,曾经准备废除《中华民国临时约法》。段宇清坚决反对,遂被解职,1913年去世,终年44岁。

三十六、"江西代表"汤漪

（1881年—1942年）

汤漪生于1881年，原名文漪，字斐予，江西泰和人，清朝举人，留学日本后，毕业于庆应大学，后又赴美国留学。1911年回中国，任各省都督府代表联合会代表、南京临时参议院议员。后汤漪担任袁世凯总统府咨议。他是政学会的领导人之一。

汤漪

1920年，汤漪任广东政务会议参议。1923年，汤漪和李根源等策划拥立黎元洪在天津组织政府，后此事未成功。1925年，汤漪任段祺瑞组织的善后会议副议长，后又任临时参政院参政会副议长。抗日战争期间，汤漪于1938年起任行政院赈济委员会委员。1942年4月，汤漪在重庆去世，终年61岁。

三十七、"各省代表会会计"时功玖

（1879年—1940年）

时功玖生于1879年，字季友。湖北枝江人。1903年5月，时功玖和吴禄贞、吕大森、李书城及胞兄时功璧等革命派人士在武昌秘密组织花园山秘密机关会。后来时功玖自费留学日本东京宏文学院，在校期间参加革命活动，曾担任刘成禺、李书城、程明超等出版的刊物《湖北学生界》记者。

1905年7月19日孙中山到横滨后，时功玖等留学生自东京到横滨和孙中山见面，并和刘成禺、李书城、冯自由等八人在竹枝园宴请孙中山。时功玖还和刘成禺、李书城等加入了兴中会。7月30日，时功玖经冯自由通知，参加了中国同盟会筹备会。8月20日，时功玖作为湖北代表参加了中国同盟会成立会，并担任中国同盟会湖北分会会长，即湖北省区主盟人。1911年辛亥革命爆发后，时功玖成为南京临时参议院议员。

1912年1月2日，各省都督府代表联合会选举工作人员，时功玖与马君武、欧阳振声三人当选会计。时功玖后与刘成禺、孙武等人在上海创办民社及其机关报《民声日报》，该社总部设在上海，主要在武汉活动，支持黎元洪。2月21日，参议院表决"政府以全国赋税向俄国华俄道胜银行抵借巨款"案，湖北议员时功玖、刘成禺、张伯烈反对此案，遭到议长呵斥，三人愤而辞职。

4月，时功玖当选北京临时参议院议员。5月9日，民社、国民党等五政党合并为共和党，时功玖任党部干事。8月张振武被枪杀后，时功玖、刘成禺、张伯烈等议员联名弹劾副总统黎元洪，并辞去议员职务。

1913年，时功玖当选第一届国会众议院议员。此后时功玖还曾任清理汉冶萍湖北债捐处主任、私立武昌荆南中学董事长等职务。后来时功玖迁居武昌土司营。1940年，时功玖逝世，终年61岁。

三十八、"湖南代表"欧阳振声

（1881年—1931年）

欧阳振声出生于1881年，字笃初，号俊民，湖南省宁远县人，早年曾在武昌文普通学堂学习，与吕大森等组织武昌科学补习所，为中国内地最早的革命团体之一。后欧阳振声留学日本早稻田大学，并加入了同盟会，参加反清革命。

欧阳振声

1906年至1907年间，欧阳振声参加了吴玉章主持的各省同盟会负责人联席会议。辛亥革命爆发后，欧阳振声作为湖南代表参加各省都督府代表联合会。欧阳振声是当时的活跃人物。

1912年南京临时参议院成立后，欧阳振声任参议员。4月11日，欧阳振声担任成立的统一共和党常务干事，并任国会议员。1914年为欧事研究会成员。1931年去世，终年50岁。

三十九、"湖北代表"时象晋

（1854 年—1928 年）

时象晋

时象晋生于 1854 年，字樾皆。湖北省枝江人，清朝贡生，早年学习中医，1875 年前后在董市镇开药铺，坐堂行医。1885 年中副榜，后任云梦县教谕。1896 年到日本考察教育。回国后创办枝江高等小学堂。1897 年任安陆府训导，不久开办滋兰女学堂。

时象晋还曾经先后在存古学堂、两湖师范学堂、工业学堂等校任史学教习。张振武即是他的学生之一。1903 年时象晋在武汉参加拒俄运动，并与湖北留学生在上海创办昌明公司武汉分公司，该公司发行和翻印了《猛回头》《警世钟》《湖北学生界》等宣传革命的刊物。其活动促进了日知会的成立。

1904 年春，武昌花园山秘密聚会的许多成员因被湖广总督张之洞派遣出国留学或奉调进京而离开武昌，其余成员转移到多宝寺街的时象晋家继续聚会。7 月 3 日，科学补习所在时象晋家成立。1906 年前后，时象晋担任制台衙门文案。1908 年 11 月 12 日，姚晋圻、张继煦、时象晋等十八人成立湖北史学会，此为中国近代最早的史学会。

1909 年，时象晋当选湖北咨议局议员。该年湖北成立民间商办铁路协会，时象晋当选候补会计员。1911 年武昌起义期间，他担任红十字会会长，奔赴前线救护民军伤员。武昌起义成功后，时象晋任湖北省临时议会副议长、湖北军政府外交部参议、湖北军政府教育司副司长。他还再度当选湖北咨议局议员，南北议和时为湖北军政府代表之一。1911 年底，时象晋到南京任各省都督府代表联合会湖北代表。

1912 年，时象晋参与创办私立武昌荆南中学，并任首任校长。1913 年至 1916 年，任湖北省教育司司长，并曾兼任民政司司长。1928 年在故乡病逝，终年 74 岁。

四十、"湖北代表"陶凤集

（1880年—1928年）

陶凤集生于1880年，又名尚畴，字遇刚，湖北省南漳县沐浴乡陶家湾人。中国民主革命家。光绪二十七年（1901年），陶凤集留学日本，在东京的一所中学学习。1905年，他在日本加入中国同盟会。1906年，陶凤集中学毕业后，回国参加革命活动，事泄，被官府下令缉拿。他逃到日本，入明治大学学习政法，1910年毕业。1911年，他回国参加了黄花岗起义。起义失败后，黄兴逃到香港，并将参加起义的包括陶凤集在内的湖北籍人士介绍给湖北的居正。居正把陶凤集留在身边准备武昌起义。1911年秋，31标的共进会领导人李绍白等人不想随端方到四川镇压保路运动，遂策划乘瑞澂为端方饯行时杀掉此二人，陶凤集知道后，认为时机不成熟，建议居正加以阻止。居正、杨玉如、邓玉麟等遂进行劝阻，并商定武昌起义后，31标就地起义杀掉端方。李绍白等人遂随军入四川。

1911年武昌起义成功，陶凤集、田桐到上海，邀各省都督府代表联合会代表到汉口开会。代表在汉口开会，定武昌为国都，议定了《中华民国临时政府组织大纲》。革命党人推举刘公、居正、陶凤集等七人组成了宪法起草委员会，起草了《鄂州约法》。

1912年，陶凤集任武昌府知事。1913年，他任鄂北观察使。1914年底，他辞去观察使职务，受黎元洪邀请，到北京政府任职。此后他因对政局失望而离开北京，到湖南长沙担任厘金局长。1919年，陶凤集因病辞职，赴武汉就医。

1920年，阎相文任陕西督军，邀请陶凤集任陕西省财政厅厅长。阎相文去世后，冯玉祥接任陕西督军，陶凤集到冯玉祥部任高等顾问。1925年，经冯玉祥介绍，陶凤集到湖北督军萧耀南处任高参。

1926年北伐期间,铁军围攻武汉,陶凤集为促使萧耀南离开吴佩孚进行了一些工作。1927年,他被冯玉祥任命为国民革命军第二集团军总司令部参议。1927年秋,他到襄阳张湾任厘金局长。1928年任老河口厘金局长,曾争取老河口的马文德归附冯玉祥,但未能成功。因他在老河口严格执行税法,引起大商号和商团的不满。1928年秋,陶凤集患病,被大商号勾结军阀乘机投毒而死,终年48岁。

四十一、"江西代表"吴铁城

（1888 年—1953 年）

吴铁城祖籍广东省广州府香山县，1888 出生于江西省九江府，自幼学习英文，入九江同文书院。1909 年和到九江赴任的林森成为好友，协助林森在九江设立革命派宣传机关，并经林森介绍参加中国同盟会。

1911 年 10 月，武昌起义爆发。吴铁城策动新军标统马毓宝在九江独立，为统一江西立下了显赫功勋。10 月 23 日，革命派成立江西军政府，吴铁城任总参议，负责和军事有关的民政事务。11

早年吴铁城

月，吴铁城随林森赴上海、南京，吴铁城作为江西省代表出席了各省都督府代表联合会会议。12 月，孙中山归国，吴铁城见到了孙中山，因为祖籍同为广东省香山县，故吴铁城来到孙中山身边工作。

1913 年"二次革命"时，1917 年 7 月，在孙中山南下护法时，他应孙中山电召，来到广州，任大元帅府参军。孙中山因西南军阀专权，愤而去职，吴铁城也随孙中山返沪。1920 年 11 月，孙中山重组军政府时，他再任参军。1921 年 5 月孙中山任非常大总统，吴改任总统府参军。

1913 年，"二次革命"爆发，吴铁城奉孙中山之命，与居正一起赴江西，敦促江西都督李烈钧讨袁。"二次革命"失败后被迫随孙中山流亡日本，并进入明治大学专习法律。1914 年，他作为孙中山的信徒，首批加入中华革命党。1915 年 8 月，吴铁城奉孙中山之命前往檀香山主持党务，并任华侨《自由新报》主笔。1916 年春，吴铁城归国，在香港及澳门继续反袁活动。1917 年 7 月，参加孙中山的"护法运动"，任大元帅府参军。讨贼军总指挥朱执信遭到暗杀后，吴铁城代理总指挥，和粤军陈炯明、许崇智合作驱逐了反对孙中山的旧桂系。1921年，在香山县的竞选中当选为县长，成为中国历史上首位民选县长。1922年6月，陈炯明发动"六一六事变"，吴铁城组织民军抵抗，失败后逃往上海。此后，他继续讨伐陈炯明，任东路讨贼军第1路军总司令。1923年2月，孙中山在广州重建大元帅府，吴铁城任广州市公安局长、广东省警务处长兼广东省警卫军司令。

1923年10月，吴铁城成为中国国民党临时中央执行委员，负责中国国民党的改组事务，还设立警卫军讲武堂，负责青年的军事训练。1924年9月，吴铁城随孙中山北伐，任陆海军大元帅大本营参军长。10月，广州商团发生叛乱，吴铁城率警卫军镇压。

1925年孙中山逝世后，吴铁城被视为接近孙科的"太子派"人士。1925年12月，中国国民党广州特别市党部成立，孙科任组织部长，吴铁城任工人部长，傅秉常任商民部长，黄季陆等人任常委。广州市党部反共，孙科、吴铁城、伍朝枢等人是广州反共阵营中的骨干。

1925年秋，汪精卫、蒋介石以侦办"廖案"的名义，驱逐了胡汉民及许崇智，将政治异己人士邹鲁、林森等人变相调离广州，拘捕了川军将领熊克武。西山会议派由此催生，该派反对汪精卫、广州中国国民党中央。"太子派"人士成了西山会议派的争取对象。同时，汪精卫、蒋介石也在争取"太子派"，故在中国国民党第二次全国代表大会上，孙科仍当选为中央执行委员，吴铁城当选为候补中央执行委员。

1926年3月中山舰事件发生，汪精卫被迫离职，苏联顾问也被排除。但蒋介石未能找到中共"谋叛"的证据，"因吴袒护右派"，"议决免吴铁

中年吴铁城

城广州市公安局长"之职。吴铁城成为替罪羊,不但失去了广州市公安局长及兼任的第十七师师长职务,还被关押到上横档炮台,后经家人营救,孙科、马超俊斡旋,10月初即获释。

1927年4月,吴铁城明确表态支持蒋介石反共,呼吁武汉国民政府的汪精卫、孙科与蒋介石合流。吴铁城先后出任广东省建设厅厅长、立法院立法委员、中国国民党中央执行委员、南京总理陵管理委员会委员、警察总监、侨务委员会委员,仍兼任国民政府委员、上海市市长兼淞沪警备司令、上海市市长、广东省政府主席等职。

抗战期间,吴铁城在香港、澳门从事中国国民党党务工作,后任国民党中央海外部部长、国民外交协会理事长、国民党中央秘书长。抗战胜利后,吴铁城作为国民党代表出席在重庆召开的政治协商会议。1948年11月,孙科任行政院长,吴铁城任行政院副院长兼外交部长。李宗仁代理总统期间,孙科、吴铁城表示反对与中共和谈,乃辞任。吴铁城后往台湾,任"总统府"资政,1953年去世,终年65岁。

四十二、"同盟会元老"谢良牧

(1884年—1931年)

谢良牧

谢良牧祖籍为广东梅县松口，1884年出生于马来西亚一个富商家庭，客家人，1900年加入兴中会，1905年8月在东京加入同盟会任执行部会计长，地位与黄兴比肩。尔后，跟随孙中山赴南洋宣传革命，筹建同盟会南洋支部，为起义筹集经费。谢氏一门5个兄弟，先后参加了同盟会。

1911年10月武昌起义后，谢良牧力排众议，充分利用自己的社会关系，在广州策动清广东水师提督李准反正，使广东得以兵不血刃，和平光复，为广东的共和进程立下了大功，后跟随孙中山从广东到达南京参加临时大总统的就职典礼。

南京临时政府成立后，谢良牧被推举为第一届国会参议员，后又受命为拱卫军司令，后任广东省政务厅厅长，国民党临时中央执行委员会候补委员，参与筹备国民党的改组工作。1925年孙中山逝世后，谢良牧退出政界，1931年6月在广州病逝，终年47岁。

1918年5月28日，孙中山离开广州抵梅县时，与前来迎接的谢逸桥、谢良牧等合影

四十三、"接待秘书"王云五

（1888年—1979年）

王云五原名之瑞，字云五，祖籍广东香山，1888年生于上海，只曾受过五年私塾教育，后到五金店学徒，晚上自学英语。17岁进入同文馆学英语并兼任助教，西方著作遂能精通，靠自学成才。

1911年12月31日晚，广东香山县旅沪同乡在上海老靶子路戾虹园酒馆设宴欢迎孙中山，以表桑梓之情。出席者有数十人。孙中山于下午6点偕朱卓文、谢良牧莅会，与同乡们一一握手，对会上致欢迎词的青年代表王云五印象颇深，觉得他虽然个子不高，但精明干练，对他说："共和国即将成立，能不能任秘书一职？"

早年王云五

1911年12月31日，孙中山在上海与广东同乡合影

王云五说自己没进过正规大学，仅靠刻苦自修才出任中国公学英文教员的经历后，更加得到孙中山的称道，认为他是个难得的人才。王云五受到器重，十分高兴，当即表示愿随先生，听从任用。王云五即辞英文教师工作，到南京政府履职。

中年王云五

因为王云五能说普通话、上海话、广东话，又精通英语，1912年1月3日，孙中山任命王云五为接待事务秘书，凡外宾来访，一般先由王云五接待，如是有必要，再请孙中山大总统接见。同年，王云五加入国民党。

王云五在1920年至1930年主理商务印书馆。1927年以后退出国民党，但以参政员身份成为活跃的国民党外人士。1948年曾出任财政部长，其间推出金圆券，引起金融失调。1949年后到台湾主持台湾商务印书馆。1979年在台北去世，终年91岁。

四十四、"秘书"李晓生

(1888年—1970年)

李晓生即李鉴鎏,祖籍广东省番禺县,生于新加坡。1906年,李晓生在新加坡见孙中山,即日在晚晴园加入中国同盟会,是中国同盟会新加坡分会的创始会员,1910年赴英国。1911年,张静江、吴稚晖等人发起组织"留英俭学会",李晓生在伦敦与吴稚晖及其子女担任俭学会的招待者。

1911年11月11日,孙中山抵达英国伦敦时,李晓生正在伦敦大学学习化学。二人见面后,李晓生即自动停课,每天赴孙中山下榻的旅馆协助孙中山工作。孙中山离开伦敦时,李晓生应孙中山之邀请随其东归。

1912年1月1日,孙中山在南京就任临时大总统,委任李晓生为秘书。李晓生随孙中山回国,一路侍从,并在孙中山就职后,正式出任秘书。他应是孙中山就职典礼的参加者。

1924年至1925年,李晓生任广东大学秘书长,后任南京国民政府印铸局局长、立法院秘书、代理立法院秘书长、铨叙部政务次长等职。1931年2月,蒋介石软禁立法院院长胡汉民,李晓生照料胡汉民的生活起居,是唯一获准出入胡汉民宅的人。此后,追随胡汉民南下,1932年1月起担任西南政务委员会委员,为胡汉民的亲信之一,长期奉派驻上海,主持上海"新国民党"的工作。"新国民党"的活动遭到南京方面忌恨,李晓生为安全起见,在上海广东银行、上海商业储蓄银行各租了一个保管箱,用来保存文件、账目、收据。1970年,李晓生逝世,终年82岁。

四十五、"飞行先驱"朱卓文

（1875年—1935年）

朱卓文

朱卓文生于1875年，名仕超，又名式武，广东省香山县人，幼时读私塾，喜好学武，其父朱永康曾先后为他请了几位教头教他习武。1896年，朱卓文和同乡朱会文赴美国旧金山，追随孙中山身边，并受孙中山的鼓励，在美国学习飞行技术。

1910年，朱卓文在美国加入同盟会；10月，清朝海军大臣贝勒载洵访问美国，朱卓文和香山县同乡邝佐治策划刺杀载洵，但被美国警探发觉并追捕，朱卓文逃脱，邝佐治被捕。1911年11月，朱卓文随孙中山离美经欧转道回国，途经广东家乡，携家人来到上海。后随孙中山赴宁就职。

1912年元旦，南京临时政府成立，朱卓文任庶务司司长。2月，旅美华侨捐献的两架飞机运抵南京，以年薪一万美金雇请的美国飞机师竟不熟悉此种飞机的驾驶。此时，朱卓文正好在孙中山的临时大总统府担任庶务司司长，有关方面得知朱卓文曾在美国学习过飞机驾驶技术，便请他在南京小型操场试飞，但飞机失事，所幸朱卓文没有受伤。

1913年，孙中山发动二次革命失败后，革命党人纷纷逃往日本。1915年10月，朱卓文协助筹办孙中山与宋庆龄婚礼，后任中华革命军广东全权筹备委员、大元帅府航空局局长、广东兵工厂厂长、中央直辖讨贼军司令、香山县县长、广东省审计局局长等职务。

1920年11月，孙中山再次南下广州整顿军政，建立航空局，任命朱卓文为航空局局长，后任香山县长。任职期间他都起到过重要作用，受到好评。据说，当时已有妻室的蒋介石在广州看上朱卓文的女儿朱慕菲，托人提亲被朱卓文拒绝。蒋介石后来才到上海追求陈洁如。

1925年廖仲恺遇刺身亡后，朱卓文因涉嫌策划行刺而被通缉，朱卓文遂逃匿，并改名"朱式武"。1934年，朱卓文任中山县土地局局长，后因秘密组织"大同救国军"，企图反对陈济棠，于1935年被杀害，终年60岁。

1910年，孙中山与芝加哥侨领共商起义大事，前排右起为：曹汤三、孙中山、黄三德、梅就；后排右起梅冠豪、黎进、朱卓文、梅乔林、伍颂唐、谭赞、曹起鹏、梅光培

四十六、"随从秘书"余森郎

(1888年—1942年)

余森郎

余森郎1888年出生于中山县一个小商人家庭,自幼好学,对当时打倒清朝专制政体的言论颇为炽热,并且用"森郎"、"森"或"三郎"笔名撰文投寄《热血》《黄魂》等革命刊物。1907年,余森郎获机赴美费城谋生,积极投身革命,跟从孙中山先生到美洲各埠奔走呼号,随又去日本、南洋群岛及往返港澳,对于孙中山先生的革命事业,尽力匡助。

孙中山见余森郎矢勤矢慎,精明能干,委他为随从秘书。余森郎得到孙中山先生的信任后,深受鼓舞,决心更大,辅助更力。举凡筹款、购械、运械、组织人力,无不参与。虽多次失败,从无退缩。为了革命,他对于家庭观念,更为淡泊。

1909年,他到澳门工作之便,找到暌隔多年在草堆街耀章疋头店当柜面的大哥。兄弟见面,当然高兴,但叙谈不及30分钟,他又告别。他的大哥很诧异,以责问口吻问他:"离别多年,一旦遇面,奈何即别?即不念兄弟之情,也要念在乡之白头老母,倚门倚闾,悬望你归的心情啊?澳门离家乡仅半日之程,即使不能久住,一宿之留,岂无可能?"他再三解释,任务在身返乡固无可能,久留澳门亦易事泄,希望他的大哥转慰老母,便匆匆去港。此后,他便无返乡会见亲人了。1911年辛亥革命爆发,武昌起义成功,余森郎即随孙中山先生返国。

1912年1月1日，孙中山先生就任临时大总统，余森郎仍任随从秘书，直至孙中山先生卸任。孙中山先生卸任之际，对襄助自己奔走革命的有功人员，都作妥善的安排。余森郎由于年龄较轻，被资送返美国学农业，并赠照片一幅、题词一幅，以作纪念，惜时代变迁，此物已在家散失。同年，余森郎赴美，入农业大学，直至1920年始完成学业，取得学士学位。随后他考虑到祖国亟须市政人才，又半工半读，专攻市政。1925年又取得市政学系硕士学位。余森郎正准备回国时，孙中山逝世的噩耗传来，余森郎悲悼万分，想到国内军阀割据，外患日深，回国后无事可为，就决定继续留在美国。

1937年抗战开始，侨胞纷纷组成爱国组织，余森郎担任所居地华盛顿侨胞抗敌救国组织的宣传部长；他所做出的工作成绩，深得侨胞赞许。余森郎积劳成病，体力不支，病患日重，1942年病逝于费城，终年54岁。

四十七、"监票员"刘之洁

(1872年—1938年)

刘之洁穿着军装站立
(中华民国临时大总统选举会合影的左侧)

刘之洁生于1872年,字聿新,河北省沧县人,幼年随祖父读书,几次进场考试,没有考取,决心效法班超,放弃文事,遂入新农兵官学校(北洋武备学堂前身)。毕业后,奉袁世凯所派,到日本士官学校读书,与吴禄贞等同为中国第一期留日士官生。毕业回国后任第三镇教官,不久,调任管带,带领军队驻扎在珲春地方。珲春地处中俄边境,当时常受外国骚扰,刘之洁抵御外侮,安抚百姓,边境相安数年。后调刘之洁任东三省督办公署参议官,主管军队训练、战防准备、人员调遣。之后,清政府派陈宦为参谋长,陈与刘意见不合,刘之洁弃官而去,1900年投奔奉天巡抚程德全。

1910年程德全调任江苏巡抚,刘之洁随程到苏州,程任刘之洁为五、六两协协统。江苏之五、六协军队,人数齐全,是武器装备都较好的一支队伍。刘到任后,抚慰士兵,加强新式军事训练,严明军纪,指挥上不墨守成规,很快成为江苏全省一支劲旅。人称"铁血男儿"。

1911年,辛亥革命爆发,刘之洁向程德全进言,陈说利害,逼程响应孙中山先生的武昌起义。程迫于形势,于九月十五日宣布江苏独立,成立军政府,自任都督,任命刘之洁为陆军总司令兼第五师师长、前敌总指挥。当时,南京处于起义军包围之中,顽固派张勋任江南提督,清廷令其誓死固守,各地起义军久攻不克。刘之洁对将士说:"必以新战术,采用速战速决方法,才能奏效,以减少军队伤亡,使人民免遭涂炭之苦。"遂亲自指挥,组成主攻部队,身先士卒,猛攻聚宝门外制高点雨花台。在进攻中,刘之洁不顾军衣被流弹射穿,攻战勇猛,很快占领雨花台制高点,攻入南京城。

当刘之洁攻打南京时,军中传言:攻克南京,将库存银子,都发给士兵。刘之洁召集部下,教导将士说:我辈作战,是响应武昌革命起义,推翻清专制王朝。应遵循孙中山先生制定的纲领,建立民主政权。库银是百姓的血汗积蓄,咱们攫为己有,与清廷吸取民脂民膏何异?兵官深为叹服。战斗结束后,刘之洁公告全军:不得骚扰百姓;不能擅取民间财物。违者以军法处之。因此战斗过后,南京城内百姓,安定无事。

程德全出任江苏都督后不久,因病辞职离开南京去上海就医,刘子洁以江苏参谋厅厅长护理江苏都督。代程为江苏都督。12月29日,各省代表筹建中华民国临时政府,选举临时大总统,刘之洁作为程德全代表任监票员。

1912年南京临时政府成立后,刘之洁历任江北扩军使、江苏清乡督办、苏州镇守使、江苏督军公署咨议厅厅长、大总统府顾问,特授"鼎威将军"衔、陆军中将衔,奖二等文虎章、二等嘉禾章。

袁世凯接任临时大总统后,军阀混战,相互割据。刘之洁长叹道:"此何以顺民情,安民意也!当初我效法班定远投笔从戎,如今当学张子房矣!"遂辞退隐。刘之洁辞官后,身边无资财,在南京赁房而居,全家生活皆赖故旧相助。1920年,冀、鲁、豫旱灾,尤以河北为重,赤地千里,哀鸿遍野,饥饿之状,不可言名。家乡亲友至南京求助,络绎不绝,刘之洁皆为之找寻门路,竭力安排,不能就业者,必给予支援设法度荒,人皆称颂。

刘之洁晚年回沧州居住,1930年倡修《沧县志》。1937年7月30日,日军占领天津,国民党军队南撤,刘之洁随军南下,至南京,再转湖南常德,献策御敌。1938年在常德因病去世,终年66岁。

四十八、"黑龙会成员"池亨吉

（1873年—1954年）

追随孙中山参加镇南关之役的日本人池亨吉

池亨吉别号断水楼主人，生于1873年6月，为日本高知县名医细川潜的次子。1890年毕业于明治学院普通学部。其兄细川浏也是明治学院毕业，后在台湾从事传道活动。擅长英文的池亨吉曾在横滨费利斯女校和明治学校任教。池亨吉了解到孙文的革命主张和行动后，非常敬佩。

1907年12月2日，同盟会会员黄明堂、关仁甫率乡勇80人，携带快枪42杆，潜袭广西镇南关，相继夺得第三、第二、第一炮台。3日，孙中山亲率黄兴、胡汉民、池亨吉、法国退职炮兵上尉狄氏等人到镇南关，登上炮台，全军鼓舞，黄明堂奏乐欢迎。次日，清军开到，发起攻击，孙中山在阵地为伤员包扎，并亲手发炮，竟打得很准。

为了抵御即将来援的清军，孙中山决定先回河内筹款筹械，命黄明堂坚守5日，一俟饷械运到，便进取龙州。当晚，孙中山、黄兴等下山回安南。8日，镇南关失守。孙中山从越南运送的枪弹在文登即被法方扣留。镇南关起义遂告失败。后来，孙中山将自己在镇南关战斗中戴过的帽子送给池亨吉留作纪念。

孙中山送给池亨吉在镇南关之役中所戴的帽子

1911年11月28日，孙中山在从法国马赛乘船启程的归国途中，致电宫崎寅藏通告自己的行踪，并要求宫崎寅藏和池亨吉前往香港迎接。宫崎寅藏则按照孙中山的要求，与池亨吉、山田纯三郎、绪方二三、郡岛忠次郎、太田三次郎等日本人提前来到香港，在孙中山抵达香港的 21 日当天，宫崎寅藏邀请日本驻香港总领事代理船津辰一郎一道拜访了孙中山，并随船同行返抵上海。

孙中山于 1911 年 11 月 24 日由法国马赛港启程归国，12 月 20 日抵香港。图为孙中山抵港第二天在船上与欢迎者合影。前排左起荷马里、山田纯三郎、胡汉民、孙中山、陈少白、何天炯，前排右二为廖仲恺，后排左六为宫崎寅藏。其他 4 位日本人也在其中，但具体位置不好确定

池亨吉是日本黑龙会成员，后出任孙中山的秘书。1954 年去世，终年 81 岁。

随孙中山同行到上海的有 6 位日本人，除宫崎寅藏、池亨吉、山田纯三郎外，另外 3 位分别是：预备役海军大佐太田三次郎（1865—1917）、玄洋社间谍出身的郡岛忠次郎（1870—?）、汉口乐善堂情报网重要头目绪方二三。这 6 人都有帮社、间谍背景。孙中山当时缺少国际援助，而日本通过对孙中山的帮助，在新政权中也是有所图谋的。

第六章
缺席典礼的要人有哪些

  孙中山就任中华民国首任临时大总统，开创民国，是革命党人的重要大事，参加就职典礼在当时应是荣幸之事。但是，一些重要人物缺席这次典礼，他们当中有的是身在海外，因为路途遥远，没能赶上；也有的身在南京，却因为"突发事件"没能参加这次"盛事"；也有的是在"躲避"……原因种种，是当时政治局势的体现。

一、"副总统"黎元洪

（1864 年—1928 年）

时任湖北军政府都督的黎元洪

黎元洪出生于 1864 年，字宋卿，世居湖北黄陂西乡、县城、东乡与北乡，人称"黎黄陂"。1883 年入天津北洋水师学堂学习，1906 年擢升暂编陆二十一军统领。武昌起义时，任革命军湖北军政府都督。黎元洪始终不愿离开自己的湖北势力范围。各省代表会正是鉴于黎元洪的实力，为了平衡南京与武汉之间的关系才在孙中山就职的前夜决定为黎增设副总统之位。

孙中山当选临时大总统后，黎元洪发电祝贺："总统当选，易胜钦贺！先生识高千古，虑周全球，挽末世之颓风，复唐虞之盛事，使海内重睹汉官威仪，不独四万万同胞之福，即东西各国莫不景仰高风，为中华民国庆！专此电贺。中华民国万岁！中华民国大总统万岁！"

因为种种原因，黎元洪不但没有出席孙中山的就职典礼，就是在 1912 年 1 月 3 日以 17 票全票当选副总统后，也只是在武汉遥领此职，湖北军政府都督一职并未辞去。黎元洪不愿离鄂，作为武汉的政治首领，实际上对南京政府和北京袁世凯势力起着"三分天下"的制衡作用。黎元洪到 1913 年 12 月才离开武汉到北京履职，原因是孙中山等人发动"二次革命"失败后，黎

黎元洪与孙中山难得的合影

元洪已经不能与袁世凯势力制衡，只能被来武汉的袁派段祺瑞强邀入京，从而离开辛亥以来的权力范围，失去了重要的政治权力资本。

黎元洪与孙中山只见过三次。一次是在1893年，孙中山在广州行医，黎元洪在广甲舰当管轮。舰上有士兵病了，黎元洪就请孙中山上舰看病。两人就这样见过一面，但并没有深入接触。第二次是在辛亥革命之后，孙中山当了大总统，黎元洪当选为副总统，两个人也没有见面。直到孙中山辞掉大总统后，1912年4月初，黎元洪邀

身穿大礼服的黎元洪

请孙来武汉访问，并热情接待了孙中山。孙中山、胡汉民都非常肯定黎元洪的功劳，称赞他为"民国第一伟人"。第三次是在1924年，孙中山应冯玉祥邀请，到北京商谈国事，路过天津，黎元洪在天津招待了他。

袁世凯死后，黎元洪继任总统。段祺瑞担任国务总理并掌握实权，独断专行，演成"府院之争"。黎元洪虽没有太大力量，但还是在国务院各个部的部长中，把南方革命党人引进来。结果九个部中孙洪伊、谷钟秀、张耀曾、陈锦涛

出任总统时的黎元洪

等部长是革命党人。因为缺乏实力，黎元洪后来在与北洋系的角逐中，处于下风，最终彻底下野。黎元洪是辛亥革命武昌首义都督，也是中国历史上唯一一个当选两任大总统和三任副总统的人。

1925年3月12日，孙中山在北京去世，黎元洪在家里设灵堂供奉孙中山。应该说黎元洪从开始接触孙中山，到孙中山去世，对孙中山都很尊重。黎元洪抵制袁世凯称帝，也抵制张勋复辟。黎元洪晚年致力于实业。1928年6月3日，黎元洪因病在天津去世，终年64岁。

二、"同盟会三号人物"宋教仁

（1882年—1913年）

宋教仁

宋教仁生于1882年，字钝初，号渔父，汉族，湖南常德市桃源人，革命资历可与黄兴、孙中山并列，有中国"宪政之父"之称。武昌起义成功后，宋教仁往来于镇江、上海，督促速攻南京。1911年12月攻克南京前夕，江浙联军内部就矛盾重重。宋教仁奔赴镇江去见林述庆、柏文蔚，调和联军，使之全力革命。

镇军司令林述庆12月2日攻克南京城后，任"江宁临时都督"。后因与联军总司令徐绍桢都想当江苏都督，因此产生矛盾。但黄兴等众人觉得由程德全出任更合适。宋教仁又一次到南京调停，奔走于林、徐之间。林述庆愤然说："革命党本非争官而来，必欲争，则请稍五分钟，余即可解决矣。"宋教仁说："毋出此，请君让之。"林答应立即出兵渡江，准备北伐。宋教仁成功说服手握兵权的林、徐两人，并让林述庆交出大印，这就是所谓"金陵夺印"。7日，组成新的江苏都督府，宋教仁担任政务厅长。

12月17日，南京的江浙联军军官聚众闹事，迫使各省代表会将原来选举的结果（黄兴为大元帅，黎元洪为副元帅）倒置，重选黎元洪为元帅。南京革命派中拥护黄兴的人，要逮捕闹事军官、惩办改选代表。南京，又处于革命军内部火拼的前夜。也是亏得能干的宋教仁从中斡旋，才避免了发生武力冲突，使南京的政局得以维持。

宋教仁所在的湖南同乡的龙公馆，一时成了南京的一个枢纽机关。内部有意见，从这里交换。外来的消息，也从这里探听。此时，已有十余省宣布独立，站到革命阵营一边，组织临时中央政府已属急务。宋教仁也急欲以此抵制黎元洪，但其正确主张不被理解，屡受挫折。在实行总统制和责任内阁制问题上，宋教仁与孙中山也发生分歧，孙中山主张总统制，宋教仁主张内阁制。12月26日，在上海召开的同盟会最高干部会议上，宋教仁与孙中山就此争论激烈，后在黄兴等人劝说下才取消提议。

民国初期的宋教仁

宋教仁主张内阁制不是一时心血来潮，他亲身体验了日本、英国的政治制度。在宋教仁政治理念中，无疑是融入了这种议会至上和内阁负责的精神。他认为立法机关对行政机关形成有效的制约，才算是理想的政体模式。内阁制在总统和总理之间的职责权限上进行了制度化的规范制约，而不是指向当总统的某个人和当总理的某个人。他坚信责任内阁制必将导致良好的议会政治和政党政治。

有人认为孙中山、宋教仁二人不和睦，宋坚持责任内阁制是不愿看到孙任总统后大权独揽。章太炎曾说过"总理莫宜于宋教仁"，孙中山长于议论，是元老之才。建置内阁只有宋教仁最适合当宰辅，他"智略有余，而小心谨慎，能知政事大体"。章的评论固然不乏灼见，舆论却认为宋教仁自己想当总理，所以才主张内阁制。

宋教仁是南京光复及各省代表会中的重要人物，却没能参加孙中山的就职典礼。当天，宋教仁和前来约他一起参与大典的居正等人，刚要出所住的龙公馆大门，就被女子北伐队长林宗雪带的一群女兵挡住。

林宗雪手按着剑，大声说："我们来此不要怕，只是要求女子参政权，必须宋先生答应。"宋教仁被纠缠得有些受不了了，焦急地说："大总统今天就职，你们不去排班护卫，已经失礼，向我要求，更是无理取闹。"

宋教仁遇到如此不好对付的女中豪杰，也没什么办法；但让她们一同前往就职典礼现场，也无济于事。如此耽误了不少时间，好不容易说得她们离开。因为通讯不便，宋教仁当时以为就职典礼已经结束。

女子北伐队首领林宗雪

当宋教仁、居正来到就职现场时，已人去楼空，好不容易找到胡汉民，说明迟到原因，余怒未消，愤然说道："她向我要求参政权，岂不好笑！"胡汉民调侃说："良辰美景，赏心乐事，龙公馆岂不比这里要快活得多吗？"三个男人相视大笑，只有通过握手共祝革命大业成功。

1912年1月2日，各省代表会开会，安徽、江苏、浙江、福建和广西代表即对宋教仁等人提出的"内阁制"问题发难。各省代表会在当时承担的是临时参议院职能，对《临时政府组织大纲》进行了第三次修改，仿照美国宪法精神，立法、行政分离，大总统掌握国家行政权，负全部行政责任。宋教仁的"内阁制"被否定。

1月3日，孙中山在提名宋教仁出任内务部总长，提交讨论时，却"以其尝主内阁制，并欲自为总理，故参议院不予通过，而改程德全"。孙中山知道宋教仁的才能，后直接任命宋教仁为法制局局长。孙中山辞去临时大总统后，国民党在宋教仁主持下，在民国第一届国会选举中取得胜利。宋教仁却在1913年3月21日下午遇刺身亡，终年31岁。幕后真凶至今是谜。

"宋教仁案"发生时，孙中山正在日本。1913年2月14日，孙中山抵东京。图为他在火车上的情景（右一宋嘉树、右三马君武）

三、"湖北代表"居正

（1876年—1951年）

居正原名之骏，字觉生，号梅川，1876年出生于湖北省广济县一个塾师家庭。1905年9月赴日本留学，入法政大学预备部。在校期间，经同乡前辈陈干与宋教仁介绍，加入中国同盟会。1907年入日本大学本科法律部，在回国参加孙中山组织的云南省河口起义途中，经香港时得知起义已经失败，乃赴新加坡，在南洋各地从事革命派的宣传工作。

居正

1910年，居正奉孙文之命归国。此后，在汉口从事中国同盟会的工作。同年10月武昌起义爆发，居正加入湖北军政府，辅佐都督黎元洪组织政府。

1907年，居正进入日本大学本科法律部学习，其间参加革命，文名大盛，任《光华日报》总主笔与保皇派论战。在南洋宣传革命三年，居正被缅甸驱逐出境，辗转多处后，于1910年夏赴东京再入日本大学交费补课复学。同年暑假，居正受命回国。1911年2月到汉口负责主持湖北省同盟会工作，发展会员，筹划起义。武昌起义成功后，居正与谭人凤到武昌都督府主持事务，看到黎元洪革命态度不坚决，就设坛场请其当众誓师。

1912年1月1日下午，居正约宋教仁一起参加孙中山的就职典礼，刚要出门就被女子北伐队长林宗雪带的一群女兵挡住。当时通讯不便，居、宋两人因此耽误时间较长，以为典礼已经结束，就没有及时前往，因而错过这次"盛事"。

南京临时政府成立后，居正担任内务部次长，因总长程德全未就职而代行部务。当时社会上新闻媒体较多,但缺乏管理,于是居正想制定"报例",规范报纸报道。这本是件好事,但是因为起草参事将"报例"误作"报律",公布后立刻遭到报界反对。一字之差,"法律"是要经过参议院决议的。这反映出当时年轻的革命党人执政经验不足,居正自认错误,"报律"也被告取消。

孙中山辞去临时总统之职,居正也辞职,并随孙中山应袁世凯邀请北上。居正在初立的国民党中,担任以联络为主的交通部部长,不久当选参议员。宋教仁遇害后,居正南下上海谋划讨袁大计,投笔从戎,第一次指挥作

抗战期间,覃振(左)与许崇智(中)、居正在重庆合影

战，就表现得英勇沉着。1915 年，居正奉命到大连策动东三省讨袁事宜，组织中华革命军东北军总司令部，做过蒋介石的顶头上司，还使这个初出茅庐的愤青没干几天就打起了退堂鼓。

在黎元洪的国会中，国民党议员派系林立，居正与谢持关系十分密切。居正言语犀利、好露锋芒，有人形容他"一言即躁，再言即跳，三言即闹"。孙中山对居正非常信任，交办了许多重要事情。1921 年，孙中山就任非常大总统，居正担任总统府参议兼理国民党本部事务。1923 年国民党改组，居正是 20 名参议之一。1924 年在国民党"一大"上，居正当选中央执行委员，后成为"西山会议派"骨干。

1927 年，蒋介石建立南京"中国国民党中央党部"，通令恢复邹鲁、居正等人党籍。1929 年，居正因为反对蒋介石而遭到逮捕下狱。1931 年后，居正担任国民政府司法院院长达 16 年之久。1949 年 5 月 31 日，李宗仁提居正继任行政院长，立法院以一票之差"未能通过"。1951 年 11 月 23 日，居正在台北病逝，终年 75 岁。

四、没有官瘾的吴稚晖

（1865 年—1953 年）

留学日本时的吴稚晖

吴稚晖生于 1865 年，名敬恒，出生于江苏武进和无锡交界处的雪堰桥。1898 年到南洋公学任教，1901 年时曾出任南洋公学附属小学堂（今上海市南洋模范中学）堂长。1903 年在《苏报》撰文抨击清廷，痛骂当时执政的慈禧太后是"娼妓淫妇"。《苏报》案发后经香港去伦敦，吴稚晖过着半工半读的留学生活。

吴稚晖早先对孙中山的"造反"印象并不好，认为是个强盗，但在好友钮永建的影响下，渐渐改变了看法。1905 年，吴稚晖在伦敦结识了孙中山，并加入了中国同盟会，从此成为了孙中山三民主义的忠实信徒。1906 年，吴稚晖在巴黎参与组织世界社，虽是举人，但在接触西方文化后，追求无政府主义。吴稚晖参与孙中山主导的国民革命，并认识了蔡元培、张静江、李石曾等人。

1911 年 10 月，辛亥革命成功后，消息传到海外，蔡元培与吴稚晖十分高兴。吴稚晖立即制作了 50 面"青天白日旗"，悬挂在伦敦唐人街。吴稚晖当是悬挂"青天白日旗"的第一人，体现出他对孙中山建国的支持。

孙中山 11 月 11 日抵伦敦后当晚就亲往吴稚晖住处相访，不巧吴有事外出，孙中山就留信相约次日再晤，可见孙对吴的倚重。第二天，两人纵谈与英、法、德、美四国银行团磋商停止清廷借款。吴稚晖建议由孙中山请其老师康德黎介绍与英国外相晤谈，主要是希望英国承认即将成立的新政权，另请借款为民国奠定基础之用。

其时康梁一派人士主张君主立宪，推举袁世凯为总理。吴稚晖代孙中山拟了份电报给黄兴、陈其美等人谓："与其举项城为总理，曷若与为总统"，遭到孙中山反对。吴稚晖解释道：我们在国外这么多年，对国内情况不熟，先举袁为第一届总统，既可促共和之日早日实现，又可表现出革命党人的谦德，到第二届选举时，以公之德昭隆，自然可以出来竞选而收实之名归。

1909年8月10日，孙中山与吴稚晖父子于伦敦吴宅合影

孙中山也许是出于对吴的推重，开始觉得言之有理；加上与列强的借款均告失败，又得知国内正在筹组政府，南北开始议和等消息，原先兴致勃勃准备回国领导革命的孙中山不得不重新考虑新的思路。

16日，孙中山致电民国军政府曰："……各省次第独立，略致疑怪。今闻已有上海议会之组织，欣慰，总统自当推定黎君，闻黎有请推袁之说，合宜亦善……"孙中山是不愿意看着革命果实白白地被别人所占，但又迫于实情而无奈。

孙中山请吴稚晖每天都到自己所住旅社，帮助处理文件。吴稚晖在此期间，实际上充当了孙中山的私人秘书，处理文书，撰写文稿。11月下旬，在孙中山离开伦敦启程回国的第二天，吴稚晖也踏上了归国之途。

1912年元旦，孙中山就任临时大总统的当天，吴稚晖才抵达上海，没能赶往参加就职典礼。1月4日，吴稚晖与石瑛一起抵达南京，到总统府晋谒孙中山。卫兵通报后立刻被接见。当时房屋有限、条件简陋，孙中山与吴稚晖"联床四日"，每天讨论政务至夜晚。孙中山视吴稚晖为知己，想授予他教育总长之职，吴稚晖以不愿做官为由谢绝，并推荐好友蔡元培担任此职。

吴稚晖在总统府住了四天，既看到孙中山宽宏大度地处理政务，也感受到临时政府内各种政治力量包括革命党内各派别之间争权夺利的复杂性，深感自己的性格不适合于官场，更何况他本是一个无政府主义者，对官职的兴趣不高，便辞别孙中山回上海，做他自己愿意做的事情。吴稚晖有句名言："官是一定不做的，国事是一定不可不问的。"

● 1925年，吴稚晖在北平南小街创办海外补习学校，学生多为民国要人子女，如孙中山的两个孙子、汪精卫的儿子、朱执信的儿子等

孙中山辞职后，于2月18日，与吴稚晖等人到北极阁登高游览。吴稚晖、蔡元培、李石曾等人后在上海组织了一个名为进德会的团体，企图改变

腐朽的社会风气，为此提出了种种戒约，作为进德会会员的所守之戒约，分当然进德三条，自然进德五条。当然进德是：不狎邪、不赌博、不纳妾，凡属正式会员，必须遵守以上三条。自然进德是：不做官吏、不做议员、不吸烟、不食肉、不饮酒。这五条可由入会者自认，会员只要遵守其中一二，不必都遵守。因戒约总共为八条，进德会又称八不会。蔡元培为普通会员，只要遵守当然进德的三条即可。吴稚晖是"八不"会员，要遵守进德会的所有戒约，这与他的无政府主义的主张是相一致的。进德会成立的用意虽好，但过于理想，对改良社会风气起不到应有的作用。

事实上，当时袁世凯正加强他自己的政治势力，正希望革命党人都"不做官吏"、"不做议员"，以便他的独裁统治。袁世凯想笼络革命党人，要给吴稚晖授个勋位。吴稚晖马上写信回绝，并言："我等在民国为百姓头衔，自诩极品，安肯受公等公仆之勋位者！勿更以揶揄为消闲，侮辱书生。"这一封信诙谐而讽刺，传颂一时。

吴稚晖资格老，却没有官瘾，这正是蒋介石所求之不得的！吴稚晖后来以国民党元老的资历帮助蒋介石，蒋介石多次想许以官职回报也均被吴拒绝。吴稚晖以"布衣大佬"身份为蒋介石出谋划策，摇旗呐喊，后来还成为蒋经国的老师。终年88岁。

五、"江苏都督"程德全

（1860年—1930年）

程德全戎装照

程德全生于1860年，字纯如，号雪楼，四川省夔州府云阳县人，廪贡生出身，1890年入国子监学习，1891年到黑龙江王爱珲入黑龙江副都统文全幕，后又入黑龙江将军依克唐阿幕。1894年，被保奏以知县发派安徽。1898年，经黑龙江将军寿山奏调重回黑龙江省，后任黑龙江将军衙门营务处总办。庚子事变，俄军入侵齐齐哈尔，寿山自杀，程德全曾单骑入俄营同额林干夫议和，被俄军扣押，后获释。1903年署理齐齐哈尔副都统，1905年署理黑龙江将军，开东三省汉人任将军之首例。1907年，署理黑龙江巡抚。在黑龙江期间，他与达桂奏准将黑龙江省土地全部开禁。1908年，因病开缺。

1909年，程德全复被起用，任奉天巡抚，1910年改任江苏巡抚。辛亥革命爆发后，程德全在江苏省城苏州，经过张一麟劝说，于1911年11月宣布江苏独立，自任江苏都督，成为第一名参加革命的清朝疆吏。孙中山就职期间，程德全在上海养病。

1912年1月3日，南京临时政府成立，程德全被任命为南京临时政府内务总长。同日，他和脱离了中国同盟会的章太炎、张謇共同组织了中华民国联合会（后来改为统一党）。1912年4月，袁世凯任中华民国临时大总统后，他被任命为江苏都督，对袁世凯唯命是从。同年5月，统一党和民社等合组成共和党，程德全因与章太炎不和而离党。

江苏都督程德全

江苏都督程德全画像

1913年3月,程德全亲赴上海处理"宋教仁被刺案",主张按法律程序解决。1913年7月二次革命中,他宣布江苏独立,并被推举为南军司令,但他弃职逃遁上海。同年9月,二次革命失败,他辞去江苏都督。此后他住在上海,以礼佛为事。1917年退出政界。1926年,受戒于常州天宁寺,法名寂照。1930年5月29日于上海圆寂,终年70岁。

孙中山对程德全内务总长的任命令

六、"总务组秘书"任鸿隽

（1886年—1961年）

早年任鸿隽

任鸿隽字叔永，1886年出生于四川省垫江县，1905年于重庆府中学堂速成师范班毕业，1907年在上海中国公学高等预科学习。1909—1911年在东京高等工业学校应用化学科学习。辛亥革命前夕回国，出任孙中山秘书。

1912年1月1日这一天，才任孙中山秘书的任鸿隽一路劳顿，终于熬不住了，找了个地方好好地睡了一觉。这一觉睡得好个痛快，起床后才听说孙中山已经在半夜里就任了，因为睡觉错过了这次盛典，感到十分遗憾。南京临时政府成立后，任鸿隽任孙中山临时总统府秘书，后任天津《民意报》总编辑。

1913年，到美国留学学习化学、物理。1918年主持筹建四川钢、铁二厂。1920年与陈衡哲结婚后，先后出任北京大学化学系教授、教育部专门教育司司长、上海商务印书馆编辑、东南大学副校长、中华教育文化基金董事会干事长、北海图书馆（后改为北平图书馆）委员会委员长、四川大学校长、中央研究院化学研究所所长、中央研究院评议会评议员、中央研究院总干事、国民参政会参政员等职。

1912年元月，担任总统府秘书的任鸿隽

解放后，任鸿隽先后任中央文化教育

委员会委员、华东文化教育委员会委员、上海市科联主任委员、上海市科技图书馆馆长、上海图书馆馆长、上海市科学技术协会副主席等职。1961年在上海病逝，终年75岁。

◎ 任鸿隽像

◎ 民国初期的任鸿隽

◎ 老年任鸿隽

七、"江苏代表"陈陶遗

（1881年—1946年）

陈陶遗

陈陶遗生于1881年，江苏省金山县人，晚清秀才。在日本早稻田大学攻读法政期间，经同乡高天梅介绍，和柳亚子等人一起加入了同盟会。陈陶遗回国后和高天梅等人在上海创立中国公学，作为同盟会设在上海的秘密机关。后在健行公学任讲师，宣传爱国主义、民族主义和民主革命。

1907年，陈陶遗继高天梅、章梓之后任中国同盟会江苏分会会长，并仍担任暗杀部副部长。同年初夏，陈陶遗奉命谋刺两广总督端方，事泄被捕，关入南京监狱，关押一年后经营救获释。端方曾亲自接见陈陶遗并想给他官职加以笼络，遭到他的拒绝。1909年，柳亚子等人组织南社，陈陶遗为南社骨干。清宣统二年（1910年），陈陶遗奉命去南洋任教，并替同盟会在当地华侨界募款。1911年3月，黄兴、赵声等准备到广州发动起义，陈陶遗奉命赶赴广州，但途经香港时黄花岗起义已告失败，他无功而返。1911年10月，武昌起义成功后，陈陶遗携款从南洋赶回上海，接济经费短缺的沪军都督陈其美。此后，陈陶遗与马君武代表沪军到武昌联络，又和章梓等人到江苏省鼓吹革命，此后江苏省很快脱离清政府宣告独立。革命党人拥护陈陶遗任江苏都督，被陈陶遗辞让。

1912年元旦，孙中山就任当天，陈陶遗因为送副总统黎元洪的当选证书而去武昌，不在现场，他委托好友袁希洛代为署名盖章，以弥补缺席这次盛典留下的遗憾。

南京临时政府成立后，陈陶遗被选为南京临时参议院副议长。8月，同盟会改组为国民党，陈陶遗当选国民党江苏省支部长，并随同孙中山、黄兴等到北京和袁世凯举行会谈。二次革命失败后，陈陶遗回乡隐居。1925年，军阀孙传芳自封五省联军总司令，提出"苏人治苏"，陈陶遗被朋友张一麟推荐到南京就任江苏省省长。1926年，陈陶遗获悉孙传芳密令吴江县公署逮捕柳亚子，便派人暗中提前通报柳亚子，使柳幸免于难。1927年初，陈陶遗劝说孙传芳联合北伐的国民革命军，但未被采纳，陈陶遗遂辞职。

1933年，陈陶遗应上海市临时参议会会长史量才邀请任该会秘书长。1937年，日军进占上海，因病留沪的陈陶遗断然拒绝汪精卫、冈村宁次的任职邀请。1946年4月，陈陶遗因病在上海去世，终年65岁。

八、"枢密顾问"章太炎

（1869年—1936年）

1869年1月，章太炎出生于浙江余杭一个富有的书香门第，原名学乘，字枚叔，后易名为炳麟，因慕顾绛（顾炎武）的为人行事而改名为绛，号太炎。1894年中日甲午战争之后，章太炎与康南海、梁启超、王仁俊、宋恕等人有往来。戊戌政变后，章太炎遭通缉，避地台湾，任《台湾日日新报》记者。1897年任《时务报》撰述，因参加维新运动被通缉，流亡日本。

1906年出版《訄书重订本》卷首的章太炎像

1900年义和团事件发生后，晚清趋新的士大夫严复、汪康年、唐才常等在上海组织"中国议会"以挽救时局，章太炎应邀参加。在会上，章太炎主张驱逐满、蒙代表，并割辫明志。1903年因发表《驳康有为论革命书》并为邹容《革命军》作序，触怒清廷，被捕入狱。1904年与蔡元培等合作，发起光复会。章太炎以《苏报》案一举成名，由一个名声不大的政治异见者转成为革命领袖。

1906年，章太炎出狱后即被孙中山迎至日本，加入了同盟会，接任《民报》主编，与改良派展开论战，在东京留学生欢迎会上发表演说，主张发扬"国粹"、"宗教"。在章太炎的主持下，《民报》在大小论战中"所向披靡，令人神往"。章太炎反满的主张，与孙中山"驱逐鞑虏"相合。与孙中山、黄兴共订《革命方略》，成为民主革命的重要宣传者和组织领导者。章太炎撰有《中华民国解》，为"中华民国"国号的创始者，也是日后民国"五族共和旗"的设计者。

章太炎与保皇派进行论战，其文喜用古典，以辩华夷为能事如《讨满洲檄》，气势磅礴，与汪精卫、吴稚晖并称为"革党三文胆"。汪精卫善取泰西之法，好言时务；而吴稚晖则好为乡野鄙语，其文起首即称载湉为小龟头、西婊子之类，文中又有上海四马路的野鸡、巴黎扫马粪的小孩之语。三人文章各有特色。

由于种种原因，章太炎与孙中山等人开始分道扬镳，甚至一度视若仇雠。直到 1911 年武昌起义爆发，章太炎于 11 月 15 日回国，在上海主编《大共和日报》。章太炎没有站在孙中山一边，散布"革命军起，革命党消；天下为公，乃克有济"的言论，并在槟榔屿《光华日报》连载发表政论《诛政党》。章太炎没有参加孙中山的就职典礼。

早年章太炎

1912 年元旦，孙中山就任中华民国南京临时政府临时大总统后，提名章太炎任教育部总长，遭到反对，后改由蔡元培出任教育部总长。其后，孙中山写信邀请章太炎担任总统府枢密顾问，在信中对于民初的建都和临时政府预算问题和章太炎进行讨论。在建都问题上，孙中山主张定都南京，而章太炎主张定都北京，两人存在分歧。孙中山在与章太炎存有分歧的同时，也在期待着章太炎的支持。

章太炎在日本

而章太炎却将期待完全寄予在袁世凯身上。"非袁莫属"是清末民初大多数中国人的一般共识，章太炎所在光复会的基本宗旨就是"以身许国，功成身退"，并没有革命党人打天下坐天下的意思。章太炎希望建立一个强大的中央集权政府，这是他无法认同南京临时政府的一个原因。

2 月，章太炎出任南京临时政府枢密顾

问，算是给孙中山一个面子了。3月1日，章太炎宣布将自己参与创办并主持的中华民国联合会与预备立宪公会合并，组建统一党，宗旨为统一全国建设，强固中央政府，促进完美共和政治。统一党的主体为立宪党人，程德全、张謇、熊希龄、汤寿潜、赵凤昌、唐绍仪、汤化龙等，都是治国良臣、能臣，一时之选。他们在感情上亲近袁世凯，甚至可以说统一党就是袁世凯可以凭借的政治力量，是"总统党"。

章太炎在日本

4月9日，袁世凯聘请章太炎为总统府高等顾问。章太炎觉得很有面子，欣然答应，没有再像孙中山几个月前聘请同样职务时那样婉拒，那样扭

1913年章太炎与夫人汤国梨西式婚典的照片。此前，章太炎在报纸上刊登征婚启事，成为一时谈资

捏。此后，章太炎坚定地站在袁世凯一边，对袁世凯威望提升与维持贡献不小。袁世凯对章太炎充分信任，在章太炎逗留北京那些日子里，袁世凯数度邀请章太炎到总统府畅谈一切。章太炎有时代表大总统巡视南北，联络各方，貌似大总统特别代表或特别助理。1912年冬任袁世凯政府东三省筹边使。

1913年3月"宋教仁被刺"，章太炎对时局有了重新认识，于4月从长春返回上海。袁世凯镇压"二次革命"，章太炎进京欲与袁世凯说理被拒见，章就以大勋章作扇坠，到新华门大骂，后遭袁氏囚禁。袁世凯想当皇帝，章太炎在被软禁期间被迫写"劝进书"，书云："某忆元年四月八日之誓词，言犹在耳。公今忽萌野心，妄僭天位，非惟民国之叛逆，亦且清室之罪人。某困处京师，生不如死！但冀公见我书，予以极刑，较当日死于满清恶官僚之手，尤有荣耀！"口中犹骂声不绝，以粗话辱袁。气得袁世凯大骂，又自嘲说："彼一疯子，我何必与之认真也！"时称章太炎为"民国之祢衡"。

袁世凯死后，章太炎恢复自由回到上海。1917年7月参与护法运动，任海陆军大元帅府秘书长，为孙中山作《代拟大元帅就职宣言》。1920年拥护联省自治运动，始终没有放弃对黎元洪、吴佩孚、孙传芳等新旧军阀势力的期望，反对国民革命军北伐。1926年4月7日上海成立反赤救国大联合会，章太炎被推为理事长。

晚年章太炎

1927年南京国民政府成立后，章太炎采取不合作态度，自命"中华民国遗民"，曾遭国民党上海党部通缉。当时的北京大学，许多有名的教授都出自章太炎的门下。章太炎戏谑地以太平天国为例，封黄侃为天王，汪东为东王，朱希祖为西王，钱玄同为南王，吴承仕为北王。1930年代后，章太炎活动仅限于上海、苏州一带。1936年6月因病在苏州去世，终年67岁。

第七章
南京临时政府的主要官员

孙中山就任临时大总统后，便开始组建南京临时政府。临时政府下设秘书处，其职责是为大总统行使权力提供各种服务，实为参谋助手、信息枢纽，下设7组，人员均由孙中山直接任命。孙中山提名陆军、海军、外交、内务、财政、司法、教育、实业、交通9部总长名单，经讨论变更后，于1月5日举行了9部的委任礼，以"部长取名，次长取实"的办法，确定了9部总长、次长名单。而后，孙中山又直接任命了法制局、印铸局、公报局、稽勋局主官。这些官员中，除部分总长以外，有许多人在孙中山就任临时大总统时，就已在南京追随左右。他们当中也应有不少人参加了孙中山的就职仪式。副总统黎元洪、秘书长胡汉民、陆军部总长黄兴、外交部总长王宠惠、内务部总长程德全、教育部总长蔡元培、内务部次长居正、司法部次长吕志伊、教育部次长景耀月、实业部次长马君武、法制局局长宋教仁、法制局副局长汤化龙及任鸿隽、张季鸾等人已在本书其他章节介绍过，本章节将介绍南京临时政府建立初期的其他主要官员。

一、海军部总长黄钟瑛

（1869年—1912年）

黄钟瑛

黄钟瑛生于1869年，原名良铿，又名鎏，字赞侯，福建省福州府人，毕业于福建船政学堂驾驶班，在刘公岛北洋水师枪炮学堂实习，随后在济远舰上服役，1894年在济远舰上参加了丰岛海战，不久之后又参加了黄海海战和1895年守卫威海卫的战斗。1899年起，黄钟瑛先后在"飞鹰"、"福靖"上服役，1902年起又历任"海琛"、"海天"、"海筹"等军舰的船械、驾驶、帮带。1904年，黄钟瑛升任"飞鹰"舰管带，1907年出任"镜清"舰管带兼海军部参谋，不久又任"海筹"舰管带。

1911年10月10日武昌起义打响，北军麇集汉口，张勋军队据守南京，清廷又急令海军统制（最高指挥官）萨镇冰率长江舰队前往武昌镇压。当长江舰队抵达武汉三道桥附近时，接到清廷命令：轰平武汉三道桥。在海军舰炮的支持下，清军收复了汉口。眼看武昌即将不保，长江沿岸即将失守，部分参加革命的人惊慌失措，形势极为严峻，革命军处于败退的边缘。林森等革命党人积极策划海军起义。

时任主力舰"海筹"号舰长、海军副参领的黄钟瑛见清政府腐败无能，民不聊生，山河破碎，曾与舰上亲信沉痛表示"割地赔款，不兴必亡"。他勇敢亲登旗舰与萨镇冰商议，希望海军转向革命，萨镇冰虽经多方劝说终未参加反清行列。黄钟瑛坚定地掷杯于地说："我全家性命在此一举！"萨镇冰看到汤芗铭、黄钟瑛、杜锡珪等将士都倾向或同情革命，终以人民和革命的利益为重，自行离职，临行前提升资格最深的黄钟瑛为临时舰队司令。

11月17日,"海琛"、"海容"、"海筹"三艘巡洋舰及"江贞"、"楚豫"等炮艇自行向江西军政府九江军政分府的驻地驶去。翌日,黄钟瑛在九江竖起白旗首先起义,同行各舰亦相率起义,并参与组织了陆海军联合委员会协助革命军作战。停战协议时,海军各舰代表选举程璧光为总司令,黄钟瑛为副总司令,但因前者滞留英国,由黄钟瑛出任代总司令。海军的起义,不但缓解了武汉三镇的战斗压力,还对辛亥革命成败起到了举足轻重的作用,加速了清王朝的灭亡。

有"活菩萨"之称的萨镇冰

1912年元旦,南京国民政府成立,孙中山为临时大总统,任命黄钟瑛为海军总长兼总司令,授海军上将衔。民国成立后,袁世凯向南方发出战争威胁。1912年,孙中山和南京临时政府部署了六路北伐计划,黄钟瑛也积极着手组织北伐舰队,但因革命派内部意见不一,最终北伐半途而废。黄钟瑛与黄兴是孙中山军事上的左膀右臂,二人友情甚笃,但他俩对袁世凯的看法相左,黄钟瑛认为袁刁滑不可信。当南京政府派各部北上迎袁时,惟海军总长黄钟瑛不愿前往,时刘冠雄在海军部任要职,自荐为海军代表随同前往,深受袁世凯宠信。黄钟瑛无意加入北京政府,并于3月托病辞职。

黄钟瑛戎装照

北京政府成立后，委刘冠雄接替海军总长，经政府和刘冠雄再三挽留，黄钟瑛仍任海军总司令一职，以维持大局。黄钟瑛受命于危难之际，积劳成疾，身体日见衰弱。11月，黄钟瑛因执意不肯前往北京就职，被耿耿于怀的袁世凯降授海军中将衔，12月4日，黄钟瑛在上海因病去世，终年43岁。

"海琛"舰

"海容"舰

二、财政部总长陈锦涛

（1871年—1939年）

陈锦涛生于1871年，字澜生，广东省南海县人，1885年入香港皇仁书院学习，1890年毕业后留校任教，后转任天津北洋大学堂教习。1901年以官费赴美国学习政治经济学，获哥伦比亚大学理学硕士，1906年获耶鲁大学哲学博士学位，9月回国应清廷部试，获法政进士。嗣任度支部预算司司长、统计局局长、印铸局局长、币制改良委员会会长、大清银行副监督、资政院议员等职务。1911年10月，出任袁世凯内阁度支部副大臣。

财政部总长陈锦涛

1912年1月，南京临时政府成立，孙中山提名陈锦涛任财政部总长。黄兴曾推荐张謇或熊希龄主掌财政。孙中山坚持说："财政不能授他人，我知澜生不敢有异同，且曾为清廷订币制，借款于国际，有信用！"可见孙中山对陈锦涛出任财政部总长的信任。

3月，陈锦涛与许世英组织国民共进会。9月，出任北京政府财政部审计处总办。1913年10月，任财政部驻外财政员，驻英国伦敦。

1916年6月，陈锦涛任段祺瑞内阁财政总长兼署理外交总长。当时，1917年4月上海《申报》揭露北京政府财政部在受理商人张兴汉开办炼铜厂申请的过程中，总长陈锦涛、次长殷汝骊等主要官员涉嫌收受张兴汉的商业贿赂。该报道发表后，国会众议院提出质问，经司法调查属实，陈锦涛因受贿罪入狱，殷汝骊潜逃。

1918年，陈锦涛获得大总统冯国璋赦免。此后赴广州参加护法军政府。1920年4月，继伍廷芳之后出任护法军政府财政部长，11月，主席总裁岑

财政部总长陈锦涛

春煊失势,陈锦涛遂辞职,此后寓居上海。1925年任西北银行经理,12月在段祺瑞手下再度获得起用,出任财政总长兼盐务署督办。1926年,与胡光麃等人在天津合办中国无线电业公司。

1930年,陈锦涛出任国立清华大学经济系教授,并兼任南京国民政府财政部币制研究委员会主席。1935年,应南京国民政府行政院院长汪精卫之邀,任币制研究委员会主席。1938年3月,参加南京的中华民国维新政府,任财政部长,5月兼任华兴银行总裁。1939年6月,陈锦涛在上海病逝,终年68岁。

三、司法部总长兼议和全权大使伍廷芳

（1842年—1922年）

伍廷芳生于 1842 年，本名叙，字文爵，号秩庸，祖籍广东新会。13 岁时遭绑架，说服绑匪逃脱；14 岁时在亲戚陈蔼亭陪同下往香港求学，在圣保罗书院就读，毕业后于 1861 年任香港的高等审判庭、地方法院等的翻译。1860 年，伍廷芳与黄胜利用报社废弃的中文铅字，一同创办中国第一份中文报纸《中外新报》。1864 年与牧师何进善的长女何妙龄成婚。

司法部总长伍廷芳

1871 年，伍廷芳调任港府巡理署译员。1874 年自费赴英国林肯律师学院攻读法律，1877 年毕业，获得博士学位，考获大律师资格。1 月 23 日，拜会驻英公使郭嵩焘，郭氏欲招为己用。3 月在回国船上认识候任香港总督轩尼诗。伍廷芳是第一位获准在英国殖民地担任律师的中国人，后任驻英使馆三等参赞，1878 年获任为首名华人太平绅士，1880 年任立法局首位华人非官守议员。

1882 年 10 月底，伍廷芳离港北上到天津接受直隶总督兼北洋大臣李鸿章的邀请，任法律顾问，成为李鸿章的幕僚后，几乎参与清政府的所有重要外交谈判。1895 年，伍廷芳作为头等参赞，随同李鸿章往日本议和，签订《马关条约》。

1898 年开始，伍廷芳出使美国、西班牙和秘鲁，对美国政治和社会多有观察。1902 年回国后任修订法律大臣、商部左侍郎、外务部右侍郎、刑部右侍郎等职，官至二品。1908 年，伍廷芳再次出使美国、墨西哥、秘鲁及古巴，目睹主张推翻清朝和帝制的高涨革命浪潮。出于职责，伍廷芳给外

时任洋务委员的伍廷芳

务部的一份电报中呈报有革命党在美国购买炸药,想运回京师举事,希望朝廷严防。

1910年3月,伍廷芳免职后离开美国经欧洲、新加坡、香港。9月28日,一本杂志突然刊登了伍廷芳的一份奏折,题为《奏请剪发不易服折》。清制视辫如命,留辫与否反映了是否服从满人统治。这份奏请表现出伍廷芳与清制的分离。

伍廷芳辞官后赋闲在沪,被推举为上海轮船招商局的董事会长。1911年11月3日,上海光复。陈其美发现,对于沪军都督府,各国驻沪使节均态度漠然,他们接洽各种公事,竟然都是找伍廷芳。陈其美遂聘伍廷芳为外交代表,处理对外交涉。

1908,伍廷芳在芝加哥的住所

至此，伍廷芳正式从晚清官员转向了革命党阵营。11月12日，伍廷芳对外发表了《致各友邦请承认中华共和国电》，电文谴责了清王朝的专制统治，并向全世界勾画了中国民主宪政的美好前景。同日，伍廷芳领衔致电载沣，劝其赞成共和，并携溥仪退位。在写给庆亲王奕劻的《致清庆邸书》中，他自述心迹，称其并非不忠而辜负皇恩，实是清廷不采纳忠言，本人曾多次提出改革建议均未被采纳，清廷有谏不行，有言不听，才致今日地步。

11月29日，伍廷芳被各省军政府推举为外交总长。同日，与袁世凯私交甚密的英国驻华公使朱尔典提议南北两军停战和谈。伍廷芳于12月的南北议和中代表南方政府，出任民军总代表。12月18日下午2时，唐绍仪着西服领带，乘坐汽车来到上海市政厅。5分钟后，代表革命党的伍廷芳长袍马褂，乘坐马车赶到。南北议和会谈于下午3时正式开始。伍廷芳与唐绍仪两位广东同乡、昔日同僚，却成为了谈判对手，其穿着形成反差。

谈判期间，有一天唐绍仪与杨士琦到伍廷芳家中拜访，伍再次劝唐："为今之计，惟推翻清室，变易国体，以民主总揽统治权，天下为公，与民更始。舍是别无他策。"唐绍仪则答称："美利坚之平民政治，吾侪游学此邦时，即已醉心。洎奉使新大陆，益悟其共和政体之有利于国计民生，更复倾倒不置。"这场谈判似乎一开始就不是在君主立宪与共和立宪取舍，更像在讨论如何才能达到共和立宪。

外交家伍廷芳

1912年南京临时政府成立后，许多人认为伍廷芳作为资深外交家应主掌外交，孙中山却执意认为伍廷芳"法律胜于外交"，坚持任命其出任司法部总长，而提名王宠惠任外交部总长。面对着任命的纷争，伍廷芳态度较为豁达，他不仅对孙中山的任命表示了理解，并且竭力说服各方的不同意见。

但是，伍廷芳对于司法总长一职却没有到任。

在 9 名总长中，同盟会员只有黄兴、王宠惠、蔡元培 3 人，其他几位总长，有的是清朝旧官僚，有的是立宪派人士。孙中山将这些当时在国内有一定声望的人士拉入内阁，就是想扩大革命阵营，借助他们的声望加强反对清廷的力量。但有不少总长在南京临时政府成立后却持观望态度，伍廷芳、程德全、汤寿潜、张謇这 4 位总长根本就没有到南京任职。首次内阁会议推迟到 1 月 21 日才召开，到会者也多为次长，"部长取其名，次长取其实"是孙中山内阁的特点。

袁世凯接任临时大总统后，伍廷芳于 4 月离职，再寓居上海。1915 年 3 月，伍廷芳借西人之口，讥评孙中山对于那些"稍识新学，奢然自高，殊无事功之经验"的东西洋留学生，"不加甄别"，贸然"委以总次长之要津，获为专城之重寄"，绝非无的放矢。

1916 年袁世凯死后，黎元洪继任总统，伍廷芳出任段祺瑞内阁的外交总长。1917 年发生"府院之争"，伍廷芳反对加入协约国，并提出辞职，段祺瑞被黎元洪解除职务后，伍廷芳一度出任代理国务总理。后来黎元洪迫于张勋的压力，要伍签署解散国会的命令。伍廷芳拒绝后辞职，南下广州，出任孙中山护法军政府的外交部部长。1921 年孙中山在广州就任非常大总统，伍任外交部部长兼财政部部长、广东省省长；更曾一度任代行非常大总统。陈炯明兵叛时，伍廷芳冒险往永丰舰谒见孙中山，接受指示，通告各国驻广州领事馆严守中立。1922 年 6 月 23 日在广州病逝，终年 80 岁。

四、交通部总长汤寿潜

（1856年—1917年）

汤寿潜生于1856年，原名震，字蛰先，浙江省萧山人。1892年中进士后，任翰林院庶吉士，写成《危言》四卷，主张改良变法。1894年任安徽青阳县知县后不久辞官，游历各省，曾参与强学会与维新运动。庚子事变后，游说两江总督刘坤一、湖广总督张之洞创东南互保，与张謇等协助两江总督刘坤一筹议新政，后授为两淮盐运使，未到任。

1905年，汤寿潜任修建沪杭铁路总理，自筹资金并与江苏省分头动工修建苏杭甬铁路；4年后全线建成浙江境内路段，其工期之短、质量之佳与经费之省为全国商办铁路之最。1906年，汤寿潜与张謇、郑孝胥等在上海创立预备立宪公会，任副会长，连续发动3次全国性的国会请愿运动，成为国内立宪派的著名领袖之一。次年，参与浙江杀害秋瑾事件。不久，因反对盛宣怀缔约向英借款，积极参与以维护路权为目的的浙路风潮。

交通部总长汤寿潜

1909年，汤寿潜任浙江咨议局议长，后任预备立宪公会副会长。1911年辛亥革命爆发后，汤寿潜被推举为浙江首任都督，以其声望与威信与旗营拟定和降条件，浙江旗营"委械请降"，杭州"全境帖然以定"。之后，汤寿潜又派遣军队支援邻近各省的反清革命活动、支持江浙联军收复南京；联合陈其美、程德全等通电起义各省，商议成立联合政府。

1912年，南京临时政府成立后，汤寿潜出任交通部总长，参与创立民国时期中国最大的商业银行之一的浙江兴业银行。汤寿潜自请担任劝募公债总理，赴南洋各地募集捐款，纾解革命政府的财政困难。曾与张謇组织统一党，任参事。

袁世凯就任临时大总统以后，汤寿潜拒绝北京政府邀请，继续留在南方经营浙江铁路。1915年，汤寿潜致电反对袁世凯称帝，之后逐渐远离政治。晚年，汤寿潜回归故里，致力于家乡水利事业。

汤寿潜

汤寿潜虽多年身居要职，却恪守简朴，他穿布衣、着短褂、戴笠帽，有"布衣都督"之称，然而对于公共事业，他从不吝啬。民国政府收沪杭铁路为国有，为补偿汤寿潜前后4年督造之劳，特犒银20万元，他分文不受，悉数捐赠给浙江教育会，用于兴建浙江公共图书馆。他的遗言"竞利固属小人，贪名亦非佳士"可谓自己一生写照。1917年6月，汤寿潜在浙江萧山病故，终年61岁。

五、实业部总长张謇

（1853年—1926年）

张謇字季直，号啬庵，1853年出生于江苏海门。1874年前往南京投奔原通州（今南通）知州孙云锦。1876年夏，张謇应淮军"庆字营"统领吴长庆邀请，前往浦口入其庆军幕任文书，与后投奔而来的袁世凯构成吴长庆的文武两大幕僚，参与了庆军机要、重要决策和军事行动。1880年春，吴长庆升授浙江提督，奉命入京陛见，张謇随同前往。同年冬，吴长庆奉命帮办山东防务，张謇随庆军移驻登州黄县。

实业部总长张謇

1882年，朝鲜发生"壬午兵变"，日本乘机派遣军舰进抵仁川，吴长庆奉命督师支援朝鲜平定叛乱，以阻止日本势力扩张。张謇随庆军从海上奔赴汉城，为吴长庆起草《条陈朝鲜事宜疏》，并撰写《壬午事略》《善后六策》等政论文章，主张强硬政策，受到"清流"南派首领潘祖荫、翁同龢等人的赏识。

张謇

1884年随吴长庆奉调回国，驻防金州，袁世凯留朝鲜接统"庆字营"。吴长庆病故后，张謇离开庆军回乡读书，准备应试。1894年考中状元，授以六品的翰林院修撰官职。甲午战争爆发后，以翁同龢为首的"清流"拥戴光绪帝，以主战议论抨击李鸿章及后党，企图为虚有"亲政"其名的皇帝争取若干实权。张謇很快就成为"清流"的佼佼者，是"翁门"弟子中的决策人物。

在主战、主和两派斗争激烈之际,张謇因父丧循例回籍守制。

1895年初,署理两江总督张之洞奏派张謇举办通海团练,以防御日本海军随时可能对长江下游的侵犯,后因《马关条约》的签订而作罢。同年底,加入康有为组织的"强学会"。张謇主张"实业救国",创办大生纱厂、广生油厂、复新面粉厂、资生冶厂等,创办学校。1909年被推为江苏咨议局议长,主张"实业救国"。1910年发起国会请愿活动。宣统年间任全国立宪公会副会长,多次领衔上书,敦请立宪。

1911年辛亥革命爆发后,江淮一带诸多城市光复,张謇割去发辫,与程德全、章太炎等创统一党,为南北议和诸多筹措。

● 张謇创办于1913年的大有晋公司

1912年南京政府成立后,孙中山、黄兴等原本希望让头号资本家张謇出任财政总长,让他协助缓解财政危机,他却坚决不干,只勉强答应担任实业总长,而且长期住在上海,不到南京办公。

作为江浙名流和实业家,张謇既和革命党人有联系,也因担任过清廷要职而与北方有着千丝万缕的关系。赵凤昌、张謇等人在支持孙中山的同时,也必须对袁世凯有所考虑。张謇起草退位诏书,在南北沟通、清帝退位中起到重要作用。1913年任北洋政府工商总长兼农林总长,在职三年余。1914年兼任全国水利局总裁。袁世凯称帝后,封张謇为"嵩山四友"。张謇未受,辞职归里,续办实业。1926年7月17日病逝,终年73岁。

六、陆军部次长蒋作宾

（1884年—1942年）

蒋作宾字雨岩，1884年出生于湖北省德安府应城县一个富农家庭，15岁中秀才。1902年，蒋作宾入武昌文普通中学堂，受同学宋教仁的影响，思想日益倾向革命。1905年中学堂毕业后，官费留学日本，入东京振武学校，同年8月加入同盟会。1907年入陆军士官学校第4期步兵科，翌年7月毕业。归国后任保定军官速成学校教习。1909年参加陆军留学毕业生考试，获优等第2位，被任命为陆军部军衡司科长。翌年升任军衡司司长。

陆军部次长蒋作宾

1911年10月，驻直隶省的张绍曾、吴禄贞、蓝天蔚所部发动滦州兵谏，要求清朝制定宪法，实行责任内阁制。蒋作宾奉清朝的命令前去宣抚张绍曾部，暗中联络革命党人，劝张绍曾举兵，欲武力夺取北京，未果。后来他还到沈阳策划蓝天蔚部举兵独立，亦未果。

陆军部次长蒋作宾

蒋作宾放弃了在北方起义的想法，到南方汇合革命派。到江西省后，蒋任九江都督府代理参谋长。蒋指挥江西的民军到湖北省广济、黄冈，有效牵制了清军对革命派的湖北军政府的攻击。年末，蒋作宾应邀到上海，参与组织中华民国临时政府。

1912年1月1日，中华民国临时政府在南京成立，蒋作宾任陆军部次长，对革命派的军制进行整备，收容保定军官速成学校的教员以组织南京军官学校，还以湖北省同盟会会员为核心重新编制了湖北新军。

袁世凯接任临时大总统后,属于革命派的蒋作宾对袁世凯十分排斥。1915年袁世凯称帝,蒋作宾托病辞职。袁世凯恐怕蒋作宾会反对自己,遂将他幽禁于西山。翌年,护国战争激化阶段,蒋被释放,获将军府授予"翊威将军"。黎元洪接任大总统后,蒋作宾升任参谋本部次长。翌年7月张勋复辟,黎元洪失势。掌握实权的段祺瑞想请蒋作宾任职被拒。

蒋作宾投向南方的孙中山,后到欧美各国考察国际情势。1919年2月,蒋作宾归国。当时,湖北社会反对支配湖北省的两湖巡阅使王占元的声浪高涨。在蒋作宾和李书城等湖北有识之士的共同努力下,1921年7月"湖北自治"的大旗树立起来,倒王运动开始,蒋作宾被推为湖北省总监,王占元最终被逐出湖北省。

1928年,驻德公使蒋作宾和随从在参观一间德国工厂

吴佩孚控制湖北省后，蒋作宾再次投向南方，作为孙中山的随从进行了各种政治、军事工作。1926年7月，蒋作宾在国民政府的北伐中，先后任江西宣抚使、湖北宣抚使。蒋作宾是蒋介石的有力支持者，先后出任南京国民政府委员兼军事委员会委员、战地政务委员会主席委员、北平政治分会委员驻德国、奥地利公使等职。

1931年"九一八事变"后，蒋作宾任驻日本公使及升格后的首位驻日本大使，执行的对日本妥协退让的路线遭到中国国内上下的反对。同年12月，为应对日本的侵略，国民政府改组，汪精卫卸任行政院长，蒋作宾被免去驻日本大使。归国后，他转任国民政府内政部部长。

蒋作宾在日本期间，与张群等人的合影

1936年12月，蒋作宾作为蒋介石的随从到西安。不久，张学良、杨虎城发动西安事变，蒋作宾被幽禁。事件解决后，他回到南京。1937年11月任安徽省政府主席，2个月后辞任。以后他曾历任中国国民党中央监察委员、党政工作考核委员会政务组主任等职务。1942年12月24日，蒋作宾在重庆病逝。终年58岁。

七、海军部次长汤芗铭

（1885 年—1975 年）

汤芗铭生于 1885 年，字铸新，湖北省蕲水县（今浠水）人，汤化龙胞弟。1903 年中举人，福建船政学堂毕业后到法国、英国学习海军技术。1905 年在巴黎结识孙中山，加入同盟会，事后后悔，于是到孙中山居住的旅馆取走入会盟书，向清廷驻巴黎公使孙宝崎自首，不料反被孙训斥了一顿。1909 年归国后，任"镜清"舰机长、"南琛"舰副舰长、"南琛"舰舰长、海军统制萨镇冰的参谋。

中年汤芗铭

1911 年武昌起义爆发后，汤芗铭随海军统制萨镇冰所率的舰队支援汉口清军作战，在九江收到其兄汤化龙"早日反正，以立殊功"的密函，即响应在"海容"舰召集各舰军官起义。萨见人心趋向革命，乃令舰队下驶九江，遂只身去上海。黄钟瑛率主力舰"海筹号"宣布起义，黄钟瑛被推为临时海军司令部部长。海军方面又公推程璧光任总司令，黄钟瑛任副司令，但因程璧光尚在英美未归国，故黄钟瑛代理总司令。黄钟瑛将起义舰队编组成两个舰队，他自己兼任第一舰队司令，汤芗铭任第二舰队司令，率舰队复驶至武昌支持黎元洪起义军。

1912 年南京临时政府成立后，孙中山不念旧恶，任命汤芗铭为海军部次长兼北伐军海军总司令。汤芗铭率"海容"舰、"海琛"舰北上烟台，助革命军光复登州（今烟台）。袁世凯接任临时总统后，汤芗铭任北京政府海军部次长。11月授海军中将。1913年10月，他继续支持二次革命而下台的谭延闿担任署理湖南都督兼民政长，1914年5月兼署理湖南巡按使，6月他获得"靖武将军"。1915年12月，他支持袁世凯称帝，获封一等侯。

1916年袁世凯称帝失败后，汤芗铭发表湖南独立宣言，即为著名的"送命二陈汤"之一。但他此前支持袁世凯的政治态度无法掩盖，湖南省内借此开展了"驱汤运动"。7月，支持谭延闿的部队将汤芗铭驱逐出湖南。1917年1月，汤芗铭投靠直系，任汉口商埠建筑事宜督办。1918年9月1日其兄汤化龙在加拿大维多利亚被王昌刺杀身亡。1924年9月第二次直奉战争中，他任直系的会办军事执法司，在直系被奉系击败后辞任。

海军部次长汤芗铭

时任湖南将军的汤芗铭（骑马者）与随从们

国民党北伐成功后，汤芗铭被通缉，后遇赦。1930年9月，阎锡山联合反蒋介石势力在北平召开中央党部扩大会议，汤芗铭被阎锡山任命为湖北安抚使。1933年参加中国国家社会党,并任常务理事。抗日战争爆发后,他一度加入汪精卫方面的华北政务委员会,后来赴重庆,支持蒋介石。抗战胜利后,先后出任军事参议院参议、民社党中央组织委员会常务委员兼组织部长、民社党中央常务委员等职。解放后,汤芗铭留在大陆,晚年从事佛学研究,1975年在北京逝世,终年90岁。

1915年在长沙举办湖南学校第三次联合运动会,图为运动会主要官员合影。左起:评判长杨寿伯,指挥长李席珍,会长、湖南省都督汤芗铭,副会长易敦白,纠察长张竹桥,筹备长、省立一中校长符定一

八、外交部次长魏宸组

（1885年—1942年）

魏宸组生于1885年，字注东，湖北省江夏人，清朝法政通榜举人。1903年，魏宸组和吴禄贞、李书城在武昌秘密组织花园山聚会进行反清。12月，清政府选派魏宸组赴比利时留学。

1905年，魏宸组在比利时会见孙中山，经数日商讨，决定以结盟方式，加入中国同盟会，与石瑛、吴稚晖同为欧洲同盟会核心干部，魏宸组负责联络留学法国、比利时学生，协助孙中山筹组欧洲同盟会，任巴黎通讯处编辑。辛亥革命后回国，任京津同盟会外交部长，旋赴沪上参与南北和议。

1905年，孙中山与中国留学生在比利时合影。前排左起：魏宸组、孙中山、胡秉柯；后排左起：史青、朱和中

1912年南京临时政府成立后，魏宸组任南京临时政府内阁外交部次长。2月，充任迎袁南下就职欢迎员。后任唐绍仪内阁的国务院秘书长。11月22日，魏宸组被派任中国驻荷兰公使。宋教仁组建国民党时，任总务部干事。

1919年1月至1921年8月，魏宸组担任中国驻比利时公使。1919年，魏宸组作为中国代表团成员出席了巴黎和会，曾拒绝在《凡尔赛对德和约》上签字。1921 年至 1925 年，魏宸组担任中国驻德国公使。1925 年 11 月 25 日，魏宸组担任督办全国铁道筹办。1937 年至 1938 年，魏宸组担任中国驻波兰公使。1939 年第二次世界大战爆发后，魏宸组回国。1942 年在上海逝世，终年 57 岁。

袁世凯内阁成员。前排左起：内阁总理唐绍仪、代外交总长胡惟德、海军总长刘冠雄、工商次长王正廷、教育总长蔡元培；后排右起：国务院秘书长魏宸组、司法总长王宠惠、陆军总长段祺瑞、交通总长施肇基、农林总长宋教仁

1938 年，魏宸组任波兰公使（左起四）

九、财政部次长王鸿猷

（1878年—1916年）

王鸿猷生于1878年，亦名朝鼎，字子匡，湖北咸宁人，自幼在家读书，后赴武汉求学。1904年，王鸿猷获得公费派赴比利时留学的机会，到比利时学习政治经济学。1905年春，王鸿猷在比利时首都布鲁塞尔加入孙中山建立的革命团体，后该团体改为中国同盟会布鲁塞尔支会，王鸿猷同时转为同盟会会员。在欧洲期间，王鸿猷常在英、法各国奔走，与孙中山常有书信往来。

财政部次长王鸿猷

1909年10月8日，孙中山为商议办《学报》之事，从英国伦敦致函王鸿猷，提出办报的宗旨是"可作交通内地各省有心人之机关，又可作联络欧洲学界之枢纽"，并委托王鸿猷办报。此后，王鸿猷帮助孙中山组织了公民党，用以联络留学欧洲的中国学生。

辛亥革命后，王鸿猷随孙中山回到国内。1912年南京临时政府成立，任财政部次长。3月，王鸿猷兼任江南造币总厂正长，但未赴任。南北议和后，王鸿猷赴北京，出任北京政府币制委员会委员，未被袁世凯重用。1916年，王鸿猷在北京病逝（一说被袁世凯所害），终年38岁。

十、交通部次长于右任

（1879年—1964年）

上世纪初的于右任

于右任生于1879年，陕西三原人，祖籍泾阳。原名伯循，字诱人，尔后以"诱人"谐音"右任"为名。于右任是清朝光绪年间举人，1904年因刊印《半哭半笑楼诗草》讥讽时政被三原县令德锐和陕甘总督升允举发，遭清廷通缉，流亡上海，遂进入震旦公学，后震旦学院肄业。同年4月到达日本，后加入光复会和同盟会。

1907年创办《神州日报》，虽未声明是革命派言论机关，但实际上革命倾向非常明显。创刊后80天因火灾停刊。1909年5月创办《民呼日报》，由于负面报道很快遭到清廷控告，被逐出租界，被迫停刊。停刊两月后，于右任在法租界创办《民吁日报》。很快由于报道时任日本首相伊藤博文遭朝鲜人安重根刺杀事件倾向性明显遭到日方抗议，租界当局于1909年11月查封了《民吁日报》。后在沈缦云资助下于1910年10月创办《民立报》，积极宣传民主革命。

1912年中华民国成立后，于右任任临时政府交通部次长，代理部务。1913年二次革命失败后，于右任逃亡日本，《民立报》停刊。1917年，响应孙中山护法运动，成立陕西靖国军，任驻陕总司令。1922年创办上海大学。1924年出席国民党一大。年底陪同孙中山北上赴京。

1926年，于右任代表中国国民党赴苏联促冯玉祥速回国参加国民革命军北伐。冯玉祥由苏俄回国，督率

中年于右任

所部横越朔漠，经过宁夏，进入甘肃，以孙良诚为援陕总指挥，率领7个师大军，东进援陕西。于右任先由五原起行，兼程回陕西收集国民二军及国民三军余部，组成联军，率领7个师大军，东进援救陕西。

国民政府北伐统一全国后，于右任历任审计院、监察院院长，是国民政府重要决策人物；其书法地位不逊于政治，创立标准草书。1949年随国民党军队逃到台湾。1964年在台北去世，终年85岁。

孙中山与内阁成员。左起：吕志伊、于右任、居正、王宠惠、孙中山、黄钟瑛、蔡元培、海军代表、马君武、王鸿猷

十一、印铸局局长黄复生

（1883年—1948年）

印铸局局长黄复生

黄复生生于1883年，原名树中，字明玉，四川隆昌人，毕业于泸州川南经纬学堂。1904年赴日本留学，学习工业。1905年加入中国同盟会，后任中国同盟会四川分会会长，兼《民报》经理，专司制造炸药。奉派回川，谋成都、泸州永宁起事。不慎炸弹爆炸，深受重伤。痊愈后，改名复生。此后，专司暗杀，于汉口狙击端方未成，1910年春，黄复生与汪精卫、喻培伦等在北京预谋炸死摄政王载沣，事泄被捕，判终身监禁。1911年武昌起义后，清廷大赦政治犯，黄复生同汪精卫、罗世勋均获释，参加京津同盟会分会，继续从事暗杀。四川军政府成立后，被推为四川驻南京代表。

1912年南京临时参议院成立后，黄复生任议员，并兼任南京临时政府印铸局长，后追随孙中山。1917年，参加护法运动，曾代理过四川省省长。后任川东道尹、靖国军援鄂第一路总司令。1926年，当选中国国民党第二届中央执行委员。

1927年，蒋介石发动清党后，黄复生不与蒋介石合作，此后只出任国民党中央委员、立法院立法委员、国民政府委员等闲职。1936年，因中风而半身不遂。1946年，病重的黄复生在重庆成立"辛亥革命同志联谊会"，以维护孙中山的三民主义，反对内战，实现和平。该会会员将近百人。1948年被特聘为总统府国策顾问，10月病逝，终年65岁。

黄复生任国民政府委员时的名片

十二、公报局局长、稽勋局局长冯自由

（1882年—1958年）

冯自由原名懋龙，字健华，祖籍广东省南海县，1882年12月出生于日本横滨一个华侨家庭，早年被父亲冯镜如送回中国学习。1895年，冯自由在日本跟随父亲及叔父冯紫珊加入兴中会，年仅14岁，是年龄最小的会员，其父冯镜如被推为兴中会横滨分会会长。1899年，梁启超在横滨发展保皇会，出版《清议报》，冯镜如任总理，冯紫珊任经理。

青年冯自由

1900年，冯懋龙因反对康有为，改名"自由"。同年入东京早稻田大学学习，与郑贯一等人创办《开智录》半月刊，鼓吹革命，与《清议报》对垒。1901年，与李自重、王宠惠等人组织广东独立协会。1902年，冯自由和章太炎等人发起"支那亡国二百四十二周年纪念会"。1903年，冯自由加入横滨洪门三合会，被封为"草鞋"（即将军），并奉孙文之命联络在日本的革命志士。1904年，襄助孙文等组建中国同盟会，并成为首批会员，被推为评议员。冯自由与秋瑾、陈天华等人交情深厚，并与章太炎等组织支那亡国纪念会于横滨，以志恢复汉室。

冯自由和李自重赴香港，与陈少白等人共同组织中国同盟会香港分会，冯自由任书记及《中国日报》记者。"三民主义"一词，即冯自由撰写介绍《民报》广告时创用。1906年，冯自由升任中国同盟会香港分会会长、《中国日报》社社长兼总编辑，组织中国南方的革命活动，兼联系海外交通，直接参与筹划指挥中国西南各省历次起义。后奉派往旧金山，主持会务，以洪门天地会身份与当地致公堂联络，策应革命，并任加拿大《大汉报》主编。

1911年初，孙中山来到加拿大。为欢迎孙文，冯自由积极筹款。孙文

离开加拿大后，冯自由奉命组建中国同盟会加拿大支部，任支部长，在加拿大为黄花岗起义筹到巨额经费。1911年武昌起义后，冯自由被推举为旅美华侨革命党总代表回到中国，协助组建南京临时政府。

1906年，孙中山与冯自由（前左坐）等在新加坡

1912年，南京临时政府成立，冯自由作为"旅美华侨革命总代表"，出任孙中山临时大总统秘书处官报组组长，并兼任公报局局长、稽勋局局长。袁世凯接任临时大总统后，经孙中山、黄兴推荐，冯自由被任命为北京临时政府稽勋局局长。这是一个收集革命史料、稽勋并表彰辛亥前革命党人工作的一个机构。在短短14个月稽勋局局长任内，冯自由使在美国学习的孙科得补官费，并且经手保送了宋子文、杨杏佛、任鸿隽、谭熙鸿、李骏、李四光、刘鞠可、赵昱、吴玉章、李晓生、吴昆吾、马素、萧友梅、黄芸苏、刘燕贻、张竞生、冯伟（冯自由的胞弟）等50余人出国留学（此即辛亥革命后首批派遣留学生）。

1913年二次革命爆发后，冯自由在北京一度被袁世凯的军警逮捕；后逃离北京，来到日本，任华侨联合会会长，支持孙中山建立中华革命党，并任中华革命党党务部副部长。冯自由奉命赴美国，向华侨宣传反袁，为革命筹款。1915年任国民党美洲支部长、中华民国公会（由致公堂更名）总会长等职，和林森等人到各地筹得120多万元军费。1916年归国后，随孙中山南下广州参与护法之役，任陆海军大元帅府参议。

1911年，孙中山（后排中）、冯自由（后排右三）在温哥华与洪门会成员

1922年，冯自由任广州革命政府文官高等惩戒委员会委员。孙中山改组中国国民党，指派冯自由为中国国民党临时中央候补执行委员兼常务委员，并在1924年1月，被指定为中国国民党第一次全国代表大会宣言审查委员会委员。但是，冯自由始终对"联俄容共"政策不满，受到孙中山批评，乃离开广东赴上海。

1924年冬，冯自由和章炳麟、田桐、居正、管鹏、但焘、焦子静、谢良牧、茅祖权、马君武、刘成禺、周震鳞等人，在上海敏体尼荫路（今西藏南路）裕福里2号的章炳麟家开会，商讨反对中国国民党联共改组，"号召同盟旧人，重行集合团体，以匡救危局"。冯自由以"护党救国公函"作为该文件的标题。孙中山逝世后，冯自由被中国国民党中央执行委员会开除党籍。

孙中山委任冯自由（1882—1958）为外交部商务司长的委任状

图1　1915年出版的《三次革命军》中的冯自由肖像
图2　中年冯自由

冯自由作为中国国民党右派，对蒋介石1927年屠杀中国共产党人及进步青年十分反感，并转而经商，表示不愿和蒋介石合作。但他日后也没有参加中国国民党党内反对蒋介石各派的历次活动。1933年，冯自由任国民政府立法院第三届立法委员，后经孙科提议，恢复了国民党党籍。1948年12月移居香港，成为基督教徒。1951年8月偕妻赴台湾，后任总统府国策顾问。1958年在台北病逝，终年76岁。

十三、参谋本部次长钮永建

（1870年—1965年）

钮永建生于1870年，字惕生，上海松江人，1889年中秀才，到江阴南菁书院学习。1892年南菁书院学生与江阴县知县发生纷争，钮永建、吴稚晖退学，转入上海正经书院。1894年江南恩科乡试合格。其后转而从军，1895年入湖北武备学堂。在此4年中，接受德国型军事教育。毕业后回到上海，担任教师。1899年留学日本。1900年在横滨见到孙中山，并介绍吴稚晖与孙结识。同年12月应两广总督陶模招聘，归国参与创办广东武备学堂后重返东京，创办《江苏》杂志，从事革命派的宣传活动。

参加上海光复时的钮永建

1903年，钮永建与蓝天蔚等人组织拒俄义勇队，后改组为军国民教育会。1905年，被桂林兵备道总办庄蕴宽任命为桂林兵备道帮办，其间，经黄兴介绍，加入同盟会。1909年，钮永建的革命身份暴露，赴德国学习军事。

1911年10月，钮永建回国，在上海加入陈其美的组织。11月3日，上海光复之役正式打响，陈其美率领敢死队直攻江南制造局，结果出师不利，被清兵俘获。当晚，李燮和汇合敢死队、商团武装和起义军警准备再攻制造局。钮永建在这危机时刻，与许奇松带领学生兵终于攻破了江南制造局的大门，救出陈其美。

当时的沪上流传着小调唱词："钮永建，老好人，带领松江学生军，攻打上海南铁厂（江南制造局的民间俗称），冲锋作战打头阵。"沪军都督府成立后，钮永建任军务部长。其后，支援各地的革命派起义。12月被任命为江苏都督府参谋次长。1912年中华民国成立后，钮永建升任参谋本部参谋次长。袁世凯就任临时大总统后，钮永建去职随孙中山行动。

1913年二次革命失败后，钮永建逃往日本，参与组织中华革命党。因孙文同黄兴产生路线矛盾，与孙、黄两人关系都深厚的钮永建未参加中华革命党，而是再度留学德国。1915年10月归国，在上海参加讨袁活动。陈其美遭暗杀后，钮永建主持葬礼。同年，黄兴死后，钮永建参与操办葬礼。

钮永建戎装照

1917年9月，钮永建参加孙中山的护法战争，就任护法军政府参谋次长等职务，并加入中国国民党。1924年冬，随孙中山赴北京，并在孙中山死后守灵。1926年7月，任国民革命军总司令部参议，在上海从事后方活动，极力维持国共合作，领导上海光复。"四一二"事变前，一度下野。

参谋本部次长钮永建

1927年南京国民政府成立后，钮永建先后出任国民政府秘书长、江苏省政务委员会委员兼民政厅长、江苏省政府主席、行政院内政部代理部长、考试院副院长、铨叙部部长、国民政府政务官惩戒委员会委员长等职。1949年逃往台湾，1965年12月在美国病逝，终年95岁。

十四、总务组组长李肇甫

（1887 年—1951 年）

李肇甫生于 1887 年，字伯申，四川省巴县人。1905 年，李肇甫考取官费生进入日本东京的明治大学法科，首批加入同盟会，任执行部书记。据黄复生回忆："孙先生归自欧美，组织同盟会于东京，开大会于赤坂区灵南坂。吾川人与会者熊君锦帆克武，黄君文琴宠章，李君伯申肇甫（时名于通）。"

1907 年，李肇甫与四川籍同盟会员雷铁崖、邓絜、董修武等在日本东京创办了革命刊物《鹃声》杂志，后被日本当局查封。在日期间，他购买、运送军火支持黄花岗起义。

李肇甫

李肇甫于 1910 年从日本回国。1911 年武昌首义后，李肇甫以手枪威逼济宁州府向革命党投降，还逼着知县知州挂白旗。

1912 年南京临时政府成立后，孙中山任命李肇甫为临时大总统府秘书处总务组长。据吴玉章回忆："中华民国临时政府于 1912 年元旦正式宣告成立。但是，根据临时政府组织大纲的规定，临时政府只设立五个部，粥少僧多，怎能容纳这么多要做官的人呢？这时，有一个叫李肇甫的同盟会员，在总统府秘书处工作，他出身于官僚家庭，懂得旧式官府的那一套组织。于是由他提出一个扩大政府组织的办法来，把差不多所有的人都安置下来了，因此大家都很满意。这个临时政府，既有立宪党人，也有官僚军阀，但革命党人还是占着主要的地位。"后来吴玉章接替李肇甫辞去的总务组长一职。

民国成立后，形势依然严峻，同盟会密谋刺杀宗社党头目、清禁卫军第一协统军咨使良弼。在讨论行刺人选时，原先是打算派李肇甫去的，但会上有人说李肇甫还没有后代。这时彭家珍站出来说："我妻子已经怀孕了。"1月26日，彭向良弼投掷炸弹当场牺牲，良弼被炸成重伤。

1月28日，国民政府参议院成立，李肇甫由蜀军政府选任为参议员。照参议院规定：设全院委员，以全院参议员充之，置全院委员长一人，其职位仅次于议长副议长，选肇甫任之。……同年4月，随参议院北迁。

2月，为继续制订约法，参议院召开第二次临时约法起草会议。据《参议院议事录》记录，参议院决定将临时约法案先交审议会审议，李肇甫为审议会主席。审议结果：决定将原案内的总统制，增改为责任内阁制。临时约法的讨论涉及国民政府定都何处，因袁世凯不肯南来，谷钟秀和李肇甫提出定都北京，并在表决时获得多数票赞成，而孙中山和黄兴反对此举。据说孙

1912年1月1日，孙中山在南京宣誓就任中华民国临时大总统。图为1912年1月，孙中山和总统府官员合影

中山和黄兴得知此事极为生气,当晚就把李肇甫叫去大骂一顿。反对定都南京的还有章太炎、宋教仁等,黄兴甚至要带兵去抓同盟会的议员。可见定都争论,分歧不小。

其后,李肇甫参与了国民党改组。"国民党之改组也,实系遁初(宋教仁)一人主持,而胡瑛、张耀曾、李肇甫、魏宸组及某某君等为之奔走密谋,皆与有大力。"张振武被杀后,李肇甫在北京参议院连连发问,使得段祺瑞只好承认"手续错误"。在1912年的政治舞台上,李肇甫是"春秋鼎盛,已誉重一时"。

1913年1月,李肇甫当选四川省第三区中华民国第一届国会众议院议员。1923年,李肇甫反对曹锟贿选,愤走上海,执律师业。1937年,李肇甫在"七君子案"中担任沈钧儒的辩护律师。1939年任四川临时参议会议长。1941年任四川省政府委员兼秘书长,1947年辞职。1948年1月当选四川省第五选区立法委员。1948年7月当选为司法院大法官。1949年回重庆,任南温泉重庆西南学院院长。1951年春,李肇甫被押,在看守所绝食身亡,终年64岁。

临时大总统府秘书处

十五、总务组秘书熊成章

（1885年—约1930年）

熊成章生于1885年，字斐然，四川华阳人，1905年留学日本，在早稻田大学学习。1906年，熊成章加入同盟会。回中国后，熊成章曾任清朝高等检察厅检察官。

1912年南京临时政府成立，熊成章任孙中山的中华民国临时大总统府秘书处总务组秘书，后任南京临时参议院、北京临时参议院议员。

总务组秘书熊成章

1913年，熊成章被选为民元国会众议院议员。国会解散后他回故里，任四川岷江法政专门学校校长兼教授。1916年第一次国会恢复时，仍任参议员。1917年，任护法国会众议院议员。约1930年前后，熊成章逝世。

十六、总务组秘书萧友梅

（1884年—1940年）

萧友梅生于1884年，字思鹤，又字雪明，广东省中山县人。萧友梅自小在澳门接触西乐。1899年，就读于广州时敏学堂。1901年，留学日本，攻读教育学、钢琴及声乐。1906年，加入同盟会。1910年，回国后响应清政府留学毕业会考，获得文科举人。

1912年南京临时政府成立后，萧友梅任秘书处总务组秘书。5月，萧友梅回广州任广东省教育司科长。1913年，又留学德国，在莱比锡大学及莱比锡音乐学院攻读哲学博士学位，后入柏林大学哲学系及斯特恩音乐学院继续研修。他是中国第一位以外文取得博士者。

总务组秘书萧友梅

1922年10月，在萧友梅的提议下，北大成立了小型管弦乐队，并由萧友梅担任指挥

1920年，萧友梅回国后担任中华民国教育部编审员。1921年，担任国立北京大学"音乐研究会"导师。1922年，经萧友梅提议，"音乐研究会"正式改建为"北京大学附设音乐传习所"（简称：北大传习所），并担任该所教务主任。1927年，在蔡元培支持下筹建中国第一所专业高等音乐教育机构：国立音乐院。1929年9月，他把音乐院改组为国立音乐专科学校，并且担任校长，有"中国近代音乐教育之父"之称。抗战期间，萧友梅组织音专赴前线慰问，并参加战地救护工作。1940年在上海病逝，终年56岁。

1939年，萧友梅在纪念贝多芬音乐大会上

十七、总务组秘书吴玉章

（1878年—1966年）

吴玉章，名永珊，号玉章，1878年出生于四川省荣县双石镇，父母早亡。1903年，吴玉章东渡日本入东京成城学校学习，并于1905年参加同盟会，后被选为评议部评议员。1907年创办《四川》杂志。

1911年吴玉章归国后回到四川，参加了保路运动，并与王天杰一起策动荣县独立，在全国率先脱离清王朝建立了军政府。继之又发动内江起义，成立内江军政府。11月22日重庆宣布独立，成立蜀军政府，并推举张培爵、夏之时为正、副都督。

青年吴玉章

就在此时，吴玉章奉命从内江前往南京，经过重庆，并短暂停留。不想，刚到重庆，正好遇到蜀军政府总司令林绍泉及其同伙预谋哗变，吴玉章智勇平定内乱，巩固了重庆辛亥起义的成果。处理完重庆蜀军政府内乱的吴玉章继续赶赴南京。

1912年南京临时政府成立后，吴玉章任秘书处总务组秘书，后接任总务组长。他参加了中华民国临时政府的成立工作，后任南京临时参议院议员。吴玉章参加二次革命，失败后到法国，在法组建华法教育会，为国家培养人才。

1917年，吴玉章回国，在北京创办留法俭学预

留法时期的吴玉章

吴玉章留学日本时留影

备学校，选送留法学生近两千人。周恩来、邓小平、王若飞、陈毅、聂荣臻、赵世炎、蔡和森、张申府等留法学生，都成为中国革命的栋梁。五四运动时期，吴玉章接受科学社会主义思想。1922年到1924年任成都高等师范学校（四川大学前身）校长，传播新文化、新思想，组织马克思主义团体。

负责中共重庆地方执行委员会宣传工作的吴玉章

1925年，吴玉章在北京加入中国共产党，并任南充高中首任校长。奉党之命从事统战工作并参加北伐。后参加南昌起义，任革命委员会委员兼秘书长。大革命失败后，遵党指示赴苏联，在苏联东方大学等校学习、任教，出席共产国际第七次代表大会、世界和平会议。1935年11月，吴玉章受中国共产党的派遣去法国巴黎负责《救国时报》的工作。

1941年，吴玉章在延安

1938年4月，吴玉章回到中国，抵重庆。1939年11月，吴玉章到延安，任延安宪政促进会会长、陕甘宁边区新文字协会会长、鲁迅艺术学院院长、延安大学校长、陕甘宁边区政府文化委员会主任等职。1945年抗战胜利后，吴玉章任中共四川省委书记。1948年8月，中共中央决定成立华北大学，任命吴玉章为校长。1949年后，吴玉章历任中国人民大学校长、中央社会主义学院院长、全国文字改革委员会主任、中国科学院哲学社会科学部委员等职。1966年12月12日去世，终年88岁。

十八、军事组组长李书城

(1882年—1965年)

李书城生于1882年，字晓圆，又名筱垣，湖北省潜江县人，16岁中秀才。1902年5月，经湖广总督张之洞选派，与黄兴等人赴日本东京弘文书院学习。在日本期间，结识了孙中山。1904年，再次赴日本，进入陆军士官学校第五期。同年11月，与孙中山、黄兴再度相会，并于次年8月20日，举行同盟会正式成立大会，其化名李唐在盟约上签字。

早年李书城

1908年，李书城毕业回国，在广西桂林担任陆军干部学堂及陆军小学堂监督。1911年11月，抵达武汉参加武昌起义，任中华民国军政府参谋长。11月3日，与黄兴率部向汉口清军进攻，后因无援而败。

1912年南京临时政府成立后，孙中山任命李书城为临时大总统府秘书处军事组组长。2月，李书城兼任军事顾问官。南北议和后，任南京留守府总参谋长。李书城后授陆军中将衔，任北京总统府军事处处长。1914年随黄兴逃往日本、美国。1916年回国，任北京总统府顾问。

1917年，李书城支持孙中山护法运动，并组建湖北护国军。1920年迁居上海，在法租界内买下一处房产，1921年春与16岁的戏班演员薛文淑结婚。他的胞弟李汉俊参加了筹建中国共产党的工作。中共一大召开的时候，李汉俊提出把会址安排在李书城家，得到了李书城的同意。于是李书城的寓所成为中国共产党成立的见证。

1924年10月，李书城参加冯玉祥北京政变。11月，避居天津。1926年，参加指挥北伐战争，并与冯玉祥合作在河南信阳会师。中原大战期间，

李书城（后排左三）一家人在上海合影，后排左二是李汉俊

任冯、阎顾问。抗日战争期，创建战时儿童保育院，拯救战时流浪儿童。后担任湖北省银行董监会监察。1949年，李书城在武汉发起组织"湖北省人民和平促进会"，与中共将领陈毅、刘伯承联络，使得中共军队顺利接管武汉。

中华人民共和国成立后，李书城担任首任农业部部长，并出席中国人民政治协商会议第一届全体会议。1954年，当选为第一届全国人大常委会委员。1965年因病去世，终年83岁。

1950年，章士钊（左一）、张澜（左二）、李书城（左三）等人迎接毛泽东访苏归来

十九、军事组秘书耿伯钊

（1883年—1957年）

耿伯钊生于1883年，字觐文，湖北安陆人。1898年秀才，后考入武昌经心书院。1903年参加乡试中副榜，任德安府各属同乡会文书，并参与主持武昌花园山聚会。同年，他参与筹组华兴会。1904年自费留学日本，入日本陆军士官学校骑兵科。1905年加入同盟会，组织丈夫团并任主席。1908年任南京南洋陆军讲武堂堂长、北洋督练公所教练处帮办、《北洋军事杂志》总纂、陆军部军事编辑等职务。1911年，
任西军指挥舒兴阿的副官长。同年武昌起义爆发后，他返京准备策应。

1912年中华民国成立后，耿伯钊任南京临时政府总统府军事秘书兼陆军部顾问官。南北议和成功后，他任南京留守府参谋长兼第一处处长。后来，他随孙中山到北京同袁世凯商讨国事。1913年二次革命期间，他任总司令部参谋长兼兵站总督，参加沪军讨袁。讨袁失败后流亡日本。1916年，耿伯钊归国，入黎元洪总统府任职。

1926年后，耿伯钊历任国民革命军总司令部高等顾问、湖北省电信监督、国民政府军事参议院参议、参军处中将参军等职。1932年6月，他任鄂豫皖"剿匪"总司令部党政委员会委员，此后长期不再参与政务活动。1948年4月，耿伯钊任湖北省政府委员。当时，中国人民解放军已进逼武汉外围，中共地下党积极活动。耿伯钊、张难先、李书城等辛亥革命元老于1948年底发起湖北和平运动。

1949年后，耿伯钊任湖北省人民政府参事室主任、湖北省政协副主席等职。1957年8月在武昌病逝，终年74岁。

二十、军事组秘书石瑛

（1879 年—1943 年）

石瑛

石瑛生于 1879 年，字蘅青，湖北省阳新县人。1901 年中秀才，1903 年中举人，1904 年放弃会试，赴比利时，继而转入法国海军学校，又入伦敦大学学习铁道工程。1905 年参与组织同盟会欧洲支部。1911 年，协助孙中山在英国开展革命活动。11 月，参加武昌各省都督府代表联合会。12 月，又参加南京召开的各省都督府代表联合会。

1912 年南京临时政府成立后，孙中山任命石瑛为临时大总统府秘书处军事组秘书，兼任全国禁烟公所总理、全国同盟会总部干事、湖北同盟会支部长等职。孙中山离职后，石瑛回鄂主持同盟会湖北支部。

1913 年，当选为众议院议员。"二次革命"失败后，再赴英国。回国后任北京大学教授。1924 年，石瑛被孙中山亲自指定为北京代表南下广州参加中国国民党第一次全国代表大会，并当选为第一届国民党中央执行委员。曾任国立武汉大学工学院院长、湖北省建设厅长、南京市长、铨叙部部长等职，被誉为"民国以来第一清官"。1939 年当选湖北省临时参议会议长，通电声讨汪精卫投日叛国罪行。1943 年 12 月因病去世，终年 64 岁。

1932 年，石瑛任南京市长时在南京居所前留影

二十一、军事组秘书张通典

（1859年—1915年）

张通典字伯纯，1859年出生于湖南省湘乡县一个士大夫家庭，其父海英公曾在同治年间任浙江省严州府知府。张通典15岁应考入庠，自幼受王夫之、黄宗羲、顾炎武的影响，一心救国，后遂无意科举。20岁之后，张通典到长沙、武昌游学。

1889年，张通典应邀任两江总督曾国荃幕僚，负责奏牍，并兼任江南水师学堂提调。1896年，应湖南巡抚陈宝箴之邀，张通典在长沙倡办湖南矿务总局，总局下设有十几个分局，其中设在龙王山、

青年张通典

水口山、黄金洞矿的各分局，年收入达200万两。张通典还设立宝善成机器厂，创用电灯并设立和丰火柴公司。

1898年，张通典在长沙投入维新运动，经陈宝箴、黄遵宪支持，和谭嗣同、陈三立、康有为、梁启超等倡办南学会，并兴办时务学堂，才学受到两江总督刘坤一赏识。戊戌政变发生后，陈宝箴遭革职，张通典乃离开湖南赴湖北武昌。1899年，张通典应邀任湖广总督张之洞幕僚，负责湖北全省军务，编练新军。

1900年初，张通典、容闳、严复等人在上海张园参加唐才常主持的国会，决定8月9日在湖南、湖北、安徽等处共同起义。自立军起义失败后，唐才常被处决，张通典逃往上海，任两江总督刘坤一幕僚。1902年，刘坤一在任上病逝，周馥继任，任命张通典为两江学务处参议，兼编纂《学务杂志》。张通典排除困难，创办了养正学校、养正女学、湖南旅宁公学。

1905年，中国同盟会成立后，张通典当即加入，并且奉孙中山手令主

持江南江北党务，推介《民报》，结交蔡锷、赵声、禹之谟、秦力山等革命人士。清廷闻讯，乃密令两江总督端方侦办。张通典遂接受同盟会同志邀请，到安徽芜湖任皖江中学校长，任内邀请陶成章、苏曼殊等来校任教。后因受地方官员疑忌，一年后，张通典辞职回到南京。1907年，张通典应江苏巡抚陈启泰的邀请，赴苏州帮助陈启泰推行新政。不久，两江总督端方得知此消息，急电陈启泰称："闻张通典为乱党巨魁，着即逮捕解省候审。"陈启泰接到来电，将电报示于张通典，张通典说："我是否乱党，姑且不论，但一入端方之手，决无生还之理。我一介草民，死固不足惜，但大人这任用乱党的失察之罪，是免不了的，端方醉翁之意不在酒耳。"陈启泰遂亲自到南京力保张通典决未参加乱党，张通典乃得免。但是，端方聘请张通典的次女张默君为设在南京的江苏省立粹敏女校教务长，企图以张默君作为人质牵制张通典。1908年，端方直接调张通典到两江总督衙门任职，并令其全家迁居南京。

● 老年张通典

1909年，清廷捕杀了许多革命党人。在南京同张通典联络的革命党人杨卓霖、仇匡被捕并遭处决，孙毓筠遭到拘禁，龚百炼逃走。他们平时购置的一部分军火仍然藏在张通典家里。此时端方怀疑龚百炼逃入张通典家，乃派张通典出差。张通典刚出发，军警便奉端方的手令冲入张通典家搜查，但因张通典离家前已嘱咐妻子何承徽、女儿张默君转移或烧毁了党内文件及秘信，将军火沉入池塘，故军警一无所获。张通典回到家后，乃辞职。

此后，两广总督张鸣岐邀请张通典赴广西柳州督办柳州垦务。张通典认为自己不适合留在南京，又准备协助在广西练兵的蔡锷掌握所部新军以投入革命，于是接受了邀请，将次女张默君留在南京粹敏女校任上，自己和妻子到柳州赴任。

1911年春，张通典、赵声潜赴香港，和黄兴等人策划广州起义，此后张通典到广州，在警署内准备策应起义。起义失败后，张通典脱险，又潜回柳州。张通典通过多种关系，解救十余人脱险。

10月10日武昌起义爆发，次女张默君从上海发出急电，请张通典从柳州来上海领导起义。11月3日，张通典抵达上海。当时，上海光复，陈其美任都督。张通典拜会陈其美，答应光复苏州，以策应上海和南京。11月4日，张通典携次女张默君、长子张元祐及革命党人50多人潜入苏州，并连夜召集新军中已投向革命党的陆军标统朱琛甫、章遂秋，水师管带王扶轩及江苏各界代表一百多人开会，商议光复苏州。当时江苏巡抚程德全面对革命形势犹豫不决，不敢投向革命党。11月5日，张通典率部攻入江苏巡抚衙门，解除了衙门卫队的武装。江苏巡抚程德全被迫就任江苏都督，投向革命党方面。有人推张通典为苏州督抚，张一笑不就。

1912年南京临时政府成立后，张通典被孙中山聘为内务司长，不久被任命为临时大总统府秘书处军事组秘书。张对于国计民生大事提出多种方略，只因当时旧势力阻挠，难于实行。张通典的另一个女儿张淑嘉在1912年，由黄兴亲自做媒，嫁给了陆军次长蒋作宾。张通典亲自做媒，将女儿张君默的同学汤国梨介绍给了章太炎续弦。

孙中山辞去临时大总统后，临时政府迁往北京，张通典随之去北京就职。不久毅然辞职往南，居香港，闭门课子自娱。后回到湖南家乡蛰居，后于湘潭厘金局任职。1915年8月14日，张通典在湘潭逝世，终年56岁。

二十二、外交组组长马素

（1883 年—1930 年）

马素

马素生于 1883 年，字绘斋，广东广州人，出生于上海，毕业于香港圣约瑟书院，曾任教于上海南洋公学。1911 年辛亥革命爆发后，马素参与上海光复，攻占江南制造局，后成为孙中山在上海的私人秘书。

1912 年南京临时政府成立后，孙中山任命马素为临时大总统府秘书处外交组组长。同年，马素任《民国西报》法文总编。1914 年在上海创办《中国民生报》，后赴英、美读书，并担任国民党驻美国、加拿大、墨西哥代表。1920 年，马素担任广州军政府驻华盛顿外交代表。1924 年，马素回国后反对中国共产党党员加入中国国民党。

1926 年，马素任关税特别会议代表，其后任北京军政府国务院参议。1928 年去职。1930 年在北平去世，终年 47 岁。

二十三、外交组秘书邓家彦

(1883年—1966年)

邓家彦生于1883年,字孟硕,广西桂林人。1900年入四川高等学堂学习,后到日本留学,并加入同盟会,担任同盟会司法部长兼广西支部部长。1908年,邓家彦到美国留学。回国,在四川昌隆、成都等地借教书宣传反清革命,联络川中志士,发展同盟会组织。1911年参加武昌起义,

1912年中华民国成立后,邓家彦被孙中山任命为临时大总统府外交组秘书,后任临时参议院议员。袁世凯接任临时大总统后,转任北京临时

邓家彦

政府议员,后主办上海《中华民报》,因该报刊登反对袁世凯的文章而被逮捕,幸免被引渡。其间孙中山多方营救,将所乘汽车交王宠惠卖掉筹款,以偿付辩护律师费用。

邓家彦出狱后赴东京,时正筹改国民党为中华革命党,孙中山与黄克强、胡汉民、廖仲恺等人吵翻,党人议论未定,多有误认为满清既经推翻,则革命已属成功。邓家彦得知后,秉承孙中山指示,居中奔走说合黄克强、胡汉民,使他们关系日趋融洽,廖仲恺等见势相继来归。1914年,邓家彦与黄克强同船赴美,在纽约哥伦比亚大学研究政治经济学,攻读博士学位。

1919年春,邓家彦回到北京,筹办中美通讯社,并首先透露北京政府对日借款签订卖国条款等消息,由此引发"五四运动"。1920年,邓家彦曾衔孙中山命与北京政府商谈国事,终因北京政府缺乏诚意,乃经沪随孙中山回粤,筹策北伐大计,任国民党广州办事处宣传部长、广西支部长。1922年,邓家彦衔命赴德,谋求合作。

1924年，中国国民党改组时，邓家彦在德国，承孙中山提名当选中央执行委员，而廖仲恺等力加反对。11月，邓家彦回国。认为孙中山遗嘱中"联合苏联，共同奋斗"不妥，"今日联苏固然待我友好，他日如万一国际情势变化，则又将如何？且总理之遗嘱必公开发表，昭告国人与世界，岂能如此措词？"应改为"联合世界以平等待我之民族，共同奋斗"。

邓家彦为国民党第一、三、五、六届中央执行委员，先后出任国民政府委员、国防委员会常务委员等职，1946年任制宪国民大会代表。1949年，邓家彦赴美国。1952年赴台湾，任国民党中央评议委员、"总统府"国策顾问等。1966年在台北病逝，终年83岁。

邓家彦与夫人合影

二十四、民事组组长但焘

(1881 年—1970 年)

但焘生于 1881 年,字植之,别号天囚、天囚居士、观复道人等,湖北蒲圻人。1900 年考中秀才,1903 年肄业于湖北经心书院,后赴日本留学,入日本中央大学学习。1905 年中国同盟会在东京成立,但焘放弃前往耶鲁大学留学的机会,加入中国同盟会。1911 年冬,由日本返回国内。

1912 年南京临时政府成立后,但焘被孙中山任命为临时大总统府秘书处民事组组长,后

但焘像

兼公报局局长,2 月初曾受孙中山委托至上海迎接章太炎赴宁就任总统府枢密顾问。后入唐绍仪内阁任国务院秘书。1914 年袁世凯积极推行帝制,但焘当即辞去一切职务,匆匆南下,蛰居上海。

1917 年,但焘南下广州,任护法军政府秘书长。此后一度回上海守孝。1919 年,但焘担任参议院秘书长兼宪法会议秘书长。1927 年,但焘加入桂系控制的中国国民党湖北省党部,蒋桂战争期间曾起草声讨蒋介石的宣言,失败后下野。

1934 年开始,但焘在国民政府任秘书。1946 年出任新成立的国史馆副馆长,实际主持工作。1948 年辞职,后去台湾,曾担任"总统府"资政,1970 年在台北病逝,终年 89 岁。

二十五、民事组秘书彭素民

(1885年—1924年)

彭素民

彭素民生于1885年,原名学干,字自珍,江西省清江县人。1904年,彭素民入南京两江师范学堂,率先剪去辫子并参加华兴会。1905年春,彭素民赴日本成为首批同盟会会员。1907年8月,彭素民同焦达峰、张百祥、邓文翚等人在东京成立共进会,彭素民任文牍部部长。

1908年,彭素民奉派归国,主持江西省的党务及军事工作,策动驻南昌的新军54标参加革命。约10个月后事泄,54标遭到清洗,彭素民遭追捕,逃往峡江。1909年,江西陆军测绘学校招生,彭素民化名"彭健"应试入学,在校学习一年多,发展校内革命力量。1911年辛亥革命爆发后,彭素民以学生的身份,为响应辛亥革命,光复南昌,做了大量工作。

1912年南京临时政府成立后,孙中山任命彭素民为临时大总统府秘书处民事组秘书。孙中山辞去临时大总统职务后,彭素民转任江西同盟会机关报《晨钟报》主笔。

1914年,彭素民帮助孙中山组织中华革命党。同年,他回到上海,秘密从事讨伐袁世凯的活动。1923年1月,任中国国民党中央总务部部长,帮助孙中山改组中国国民党。1924年,彭素民当选中央候补执行委员、中央常委。在兼农民部长期间,任命彭湃为农民部秘书。彭素民还创办广州农民运动讲习所,并任命彭湃为该所首任主任。1924年,彭素民以中国国民党中央常务委员的身份代理中国国民党中央宣传部部长,创办了中央通讯社。他还是黄埔军校入学试验委员会9名委员之一。1924年8月3日,彭素民在广州博爱医院病逝,终年39岁。

二十六、民事组秘书廖炎

（1882年—？年）

廖炎生于1882年，字企周，四川省华阳县人，清附生。后赴日本留学，大阪高等工业学校机械科毕业后回国，授翰林院检讨，任四川机械局提调。参加民主革命，参加黄兴领导的"华兴会"进行反清活动。辛亥革命爆发后，与陈劭先、黄介民等筹组临江军政府。

1912年1月，南京临时政府成立后，孙中山任命廖炎为临时大总统府秘书处民事组秘书。3月，任北京政府实业部秘书。5月，任工商部工务司司长。1914年后任农商部技正、农商部度量衡制造所所长、农商部权度委员会专任委员、参事等职。

孙中山与官员们在秘书处前合影

1927年任实业部参事，1928年任铁道部理财司科长不久后辞职。后任甘肃省政府秘书长、甘肃援川军参谋长。1931年任甘肃省政府顾问。复任兰州大学教授。廖炎博学多才，喜研哲学、佛学，文学著述，精通日文、俄文。一生撰写很多党风文告、政治文章、多种报刊的发刊词和序言。对诗词、书法、绘画有着良好的修养。

二十七、电务组组长谭熙鸿

（1891年—1956年）

谭熙鸿生于1891年，号仲逵，江苏省吴县人。谭熙鸿在上海长大，14岁时考入上海电报局当练习生，16岁转正担任报务员，因拍电报的关系而结识蔡元培，被蔡元培发展为中国同盟会会员。不久，蔡元培留学德国，谭熙鸿因革命工作需要而调到天津，后参加李石曾领导的京津同盟会。

1911年辛亥革命爆发后，南北议和在上海举行，谭熙鸿由李石曾推荐到上海充任南方代表团工作组译电员。

谭熙鸿

1912年1月，南京临时政府成立，谭熙鸿被孙中山任命为临时大总统府电务组组长，专司电讯，参与机要。谭熙鸿仍兼上海方面的职务，奔走于南京和上海，及时向孙中山汇报南北议和的消息，并向上海方面传达孙中山有关议和的指示。孙中山卸任临时大总统前，指明由稽勋局选派一批任职于南京临时政府的青年出国留学（史称"稽勋留学生"），谭熙鸿被列入首批名单，留学法国。后来获法国都鲁斯大学农业工程师以及国家博物学硕士两个学位。

在留学法国的七年时间里，谭熙鸿和同样留法的蔡元培、李石曾、吴稚晖、张静江、汪精卫及其妻子陈璧君等参加过辛亥革命的人士常有来往。其间，1913年他曾奉命归国参加二次革命。后来他还组织御侮会反对袁世凯签订"二十一条"。第一次世界大战结束后，他参加巴黎和会拒约运动，还参与创办留法俭学会、留法学界西南维持会、世界社（中法民间文化交流组织）、华法教育会等组织，推动了留法勤工俭学运动。

1919年，谭熙鸿学成归国赴北京大学任教，途经上海时被孙中山留做助手。后经蔡元培说服，孙中山同意谭熙鸿赴北京大学任教。同年7月23日，谭熙鸿和李大钊同批获聘为北京大学教授。谭熙鸿兼任校长室秘书不久，当选国立北京八校教职员联谊会副主席（主席马叙伦）。其后他创办了北京大学生物学系并兼任首任系主任。后与李大钊、马叙伦等领导多项运动。1927年，奉军入山海关，谭熙鸿于同年3月间离开北京南下。

谭熙鸿创办了浙江大学农学院并任首任院长。1932年任实业部林垦署署长，并兼任中央农业实验所所长，后还任国民政府全国经济委员会委员兼蚕丝改良委员会主任委员。1935年任全国经济委员会委员。1938年任经济部技监。抗日战争胜利后，谭熙鸿到上海任全国蚕丝产销协导会主任委员，获国民政府所颁抗日战争胜利勋章。

1949年建国后，谭熙鸿继续住在上海，任中国科学院上海实验生物研究所特邀研究员。后到北京任中央人民政府农业部顾问参事室主任。1956年3月6日，谭熙鸿在北京病逝，终年65岁。

二十八、电务组秘书李骏

（1892年—1948年）

李骏生于1892年，字显章，广东省梅县人，早年就读于中国公学、南洋公学、北京税务学堂。1912年南京临时政府成立后，孙中山任命李骏为临时大总统府秘书处电务组秘书。

南北统一后，李骏赴英国、法国留学，获利物浦大学硕士学位。其后，历任中华民国驻巴黎副领事、驻法使馆二等秘书、驻新加坡总领事、驻加拿大总领事、驻巴黎总领事等。1934年至1944年间出任中华民国驻秘鲁全权公使。回国后，任外交部礼宾司司长。翌年，又任中华民国驻丹麦全权公使。1948年于任内逝世，终年56岁。

孙中山与秘书处官员们合影

二十九、电务组秘书刘鞠可

(？—？)

刘鞠可，广东台山人，生卒时间不详。刘鞠可早年留学美国斯坦福大学，和孙科是同学，并加入同盟会。1911 年 6 月 18 日，旧金山致公总堂与中国同盟会实行联合，双方分别在《大同日报》与《少年中国晨报》上刊登了实行联合的布告。孙中山还亲任"舅父"，分别介绍了黄芸苏、赵昱、张霭蕴、李是男、黄伯耀、刘鞠可等旅居美国的中国同盟会会员加入致公堂，每期几十人，分别获封致公堂内要职。不久，洪门筹饷局于同年成立，有中国同盟会和致公堂双方人员参加。身为中国同盟会会员的刘鞠可同关缉卿（致公堂）、黄任贤（致公堂）担任中文书记。

1912 年南京临时政府成立后，刘鞠可被孙中山任命为临时大总统府秘书处电务组秘书。孙中山让位卸任前，遍询身边工作人员今后志向，其多数不愿北上事袁，而欲出国深造，来日报国。孙中山责成总统府稽勋局（局长

职员们在总统府西花园内合影

冯自由）以官费分批选派秘书处成员及勋人子弟放洋留学。归国革命党人中自愿回美国留学的黄芸苏、刘鞠可、卢维溥、刘博文、余森郎、张霭蕴、赵昱、邝辉8人，由稽勋局派遣出国。

1929年秋，邓彦华任广东省建设厅长，委任邓鸿仪主办西村士敏土厂建厂事宜。1932年4月，该工厂建成，刘鞠可任厂长。1935年，刘维炽继任广东省建设厅长，刘鞠可随即被免去厂长职务。日军占领广州前，广州市自来水管理处工人代表包围刘鞠可，要求给工人发生活费。

1946年7月1日，广州市政府新任各主要人员，其中刘鞠可担任广州市自来水管理处经理。1949年中国人民解放军占领广州前夕，中共地下党动员在增埗水厂任职的工程师李镜章将自来水厂情况写成书面材料，然后广州地下党秘密将材料带到香港转交给地下党。中共地下党还通过李镜章和广州市自来水管理处经理刘鞠可的关系组织了护厂队，保护自来水厂不被国民党方面在撤离前破坏。

三十、电务组秘书黄芸苏

(1882年—1974年)

黄芸苏

黄芸苏生于1882年,字慰民,号魂苏,广东省台山人。1908年考入两广游学预备科馆,肄业一年,被选为第一批公费留学美国。广州起事失败后,在旧金山组织少年学社,任社长,创办《少年周报》。1910年2月,旧金山中国同盟会成立,少年学社成员全部加盟。同年7月,创《少年中国晨报》,任主笔。黄芸苏当选同盟会旧金山分会会长。次年任同盟会美洲支部长。

1911年辛亥革命后,黄芸苏回国。1912年南京临时政府成立后,孙中山任命黄芸苏为临时大总统府秘书处电务组秘书,并兼特派广东宣慰委员。孙中山解职后,黄芸苏作为教育部稽勋局第一批留学生返回美国学习,获哥伦比亚大学硕士学位。

1921年再次回国,历任大本营秘书、广东省教育委员会政务委员、广州市财政局局长、国民政府政财部财政设计委员会常委、国民政府参事等。1929年起,历任中华民国驻檀香山领事、驻旧金山总领事。1933年出任中华民国驻墨西哥全权公使。抗日战争期间,曾任湘赣区长河分区税务管理局局长、第一战区货运稽察处处长。1942年任立法委员,1946年任制宪国民大会代表。1947年出任中华民国驻多米尼加全权公使,1950年担任美国罗省中华学校校长。1957年赴台,1974年在美国逝世,终年92岁。

三十一、官报组秘书易廷憙

（1874 年—1941 年）

易廷憙生于 1874 年，又名孺，字季复，自号大厂，广东省鹤山人。清末就读于广州广雅书院，肄业后入上海震旦书院，不久留学日本。易廷憙能诗文，工书画，兼事篆刻、碑版等，为陈兰甫嫡传弟子，旁通法文及佛学。

1912 年南京临时政府成立后，易廷憙被孙中山任命为临时大总统府秘书处官报组秘书，负责篆刻中国民国国玺印章。

袁世凯接任临时大总统后，易廷憙出国留学。归国后，历任暨南大学、国立音乐院等校教授、印铸局技师等职。与萧友梅合作歌曲数十首，设南华书社，创制北刻字模，编印古籍美术图书。1941 年去世，终年 67 岁。

1943 年，易廷憙去世两周年时，其独女易亦梅赠给汝琛世兄的照。上款为"汝琛世兄惠存"，下款为"民国癸未年十一月初九日大厂居士两周年纪念日，易亦梅谨赠"

三十二、收发组组长杨杏佛

(1893 年—1933 年)

杨杏佛

杨杏佛生于 1893 年，名铨，江西省玉山人。1908 年，杨杏佛赴上海进中国公学学习，在校期间，很快受到孙中山倡导的民主思想影响并加入中国同盟会。

1912 年 1 月，孙中山在南京就任中华民国临时大总统，当时 19 岁的杨杏佛任临时大总统府秘书处收发组组长。秘书处是临时政府的主要办事机构，大量日常工作是草拟文告、批答各方面的公函文件。那时清王朝刚被推翻，民主政治放开，百废待举，各地条陈、建议的函件每天如雪片般飞向秘书处，杨杏佛担负起看管民国临时政府"窗口"的重任。

袁世凯接任临时大总统后，杨杏佛知道孙中山辞职后准备从事中国实业，就申请出国留学，以便学成归国为实业做贡献。后经孙中山批准，三十余名"稽勋留学生"被送往美国留学。

杨杏佛在美国期间，与任鸿隽等创办《科学》月刊，组织中国科学社，任编辑部长。1918 年，获工商管理硕士学位后回国，加入中华工程师学会，历任南京高等师范学校、东南大学教授。后赴广州任孙中山秘书，1924 年 11 月随孙中山北上。

1926 年 1 月，国民党上海特别市党部执行委员会秘密成立，杨杏佛被选为执行委员，主持策应北伐军工作。1927 年春，中国共产党在上海发动工人起义，杨杏佛出席国共联席会议。起义胜利后，当选为临时政府常务委员。"四一二"反革命政变后，认清蒋介石面目，以中国济难会名义极力接济和营救革命者,被国民党当局撤职。后任中国科学社第一届理事会理事、大学院教育行政处主任兼中央研究院秘书长、中央研究院总办事处总干事等职。

1931年"九一八事变"后,杨杏佛为反对国民党政府非法逮捕和监禁爱国人士,与宋庆龄、蔡元培等著名人士于1932年12月在上海发起组织中国民权保障同盟,任总干事,并组织营救了不少被关押的共产党人和爱国人士。1933年6月18日,杨杏佛被特务暗杀,终年40岁。

图1　杨杏佛(右一)与宋庆龄等合影
图2　杨杏佛与鲁迅

三十三、参军长黄士龙（？—？）

黄士龙

黄士龙，广东花县人，生卒时间不详。清朝末年，黄士龙任广东新军第一标标统，后来改任广东陆军小学堂总办。1910年，同盟会南方支部决定庚戌年正月十五（公历2月24日）发动广州新军举行反清起义。但起义前夕，新军第二标士兵于己酉年除夕（公历2月9日）闹事，两广总督袁树勋十分重视，于当夜关闭城门，至初二仍未开。初二上午，新军第一标标统刘雨沛命令第一标士兵取消年假，改开运动会，引发第一标士兵骚乱。广州官员在督练公所开会，推举时任陆军小学堂总办的黄士龙调停第一标士兵回到兵营并不再闹事。但第一标士兵要求进城寻找未回营士兵，黄士龙乃率其到广州东城门，守城旗兵奉关闭城门命令，未开城门，在冲突中，黄士龙及四名新军士兵被打伤，其中一名士兵伤重身亡。此后革命党人倪映典、赵声、黄兴、胡汉民等商定，将起义日期提前到正月初六（1910年2月15日）。但正月初三（1910年2月13日），起义被迫提前举行，是为庚戌新军起义，但起义失败，倪映典被杀。

1911年辛亥革命爆发后，广东军政府于11月17日召集各团体和各界代表举行会议，会议推举陈炯明为副都督，黄士龙为参都督。参都督黄士龙因为难孚众望，而且遭陆军部分人士强烈反对，因此刚就职不久便弃职离开广东。

1912年南京临时政府成立后，黄士龙任南京临时政府总统府参军长。黄士龙与胡汉民不和。

1913年二次革命爆发，同年7月18日广东省议会支持陈炯明，宣布广东独立。原广东参都督黄士龙因为失去职务而痛恨广东的革命党人，企图取而代之，因此曾到北京拜见袁世凯，获袁世凯提供巨款，替袁世凯收买粤军，再加上粤军军官多为黄士龙旧部或学生，故他们大多被袁世凯收买。后广东二次革命失败，陈炯明逃走。1913年8月14日，黄士龙被北京政府任命为广东护军使。

第八章
就职典礼留下的疑问

1912年1月1日，孙中山在南京仓促就任临时大总统，而此时清朝皇帝仍没退位，袁世凯拥兵自重，掌握着北方实权，中国政局仍存变数。袁世凯对于孙中山就职又是什么态度呢？孙中山与袁世凯作为南、北双方首领，在做什么样的政治博弈呢？两人的政治意图又是什么？

一、南北和谈为何仍在继续

清末摄政王载沣，右侧是溥仪

1911年12月27日，孙中山在上海接见起义各省代表，有代表提出在汉口开代表会时，集体商议若袁世凯反正，则推举他为民国临时大总统。孙中山不仅表示同意，而且，进一步明确提出："如果袁公真心拥护共和，结束清朝专制，"孙中山一顿，"那我就让位给他。不过，总统就是总统，不必再加临时二字。"当袁世凯得知孙中山的这个表态时，满心欢喜，误以为革命党将为他保留总统大位。

同日，袁世凯又接唐绍仪电报，电请召集临时国会，公决国体问题。于是，袁世凯马上招来徐世昌商议，对徐世昌感叹道，共和国体已是大势所趋，不过，对于皇室，自己作为内阁总理大臣，不便开口提议，如果按照唐绍仪的计划，由临时国会提出，便可加以公开讨论，这是"缓脉急受"之法。

徐世昌只好附议，密陈奕劻，得到奕劻的许可。袁世凯便动身前往奕劻寓所，说服奕劻接受此议。当晚，召集皇室亲贵到奕劻府中讨论，载泽未到，决定由内阁奏请皇太后召集王公大臣会议。

12月28日，隆裕太后召集"近支王公会议"，奕劻首先发言，表示可以接受唐绍仪的建议，召开临时国会，公决国体问题。毓朗、载泽强烈反对，但都说不出什么理由，其他人赞成奕劻的意见。隆裕太后当即下谕，采纳唐绍仪的意见，召集临时国会。此时的袁世凯对清廷已玩于掌股之间，但对于孙中山却过于乐观自信了。

12月29日"各省代表会"选举孙中山为临时大总统时,唐绍仪与伍廷芳在上海的南北和谈中也已达成"以国民会议决定国体问题,清帝退位,袁世凯继任民国大总统"的初步协议。

图1 清政府同革命党人进行南北和谈的场所——上海公共租界市政厅
图2 北方和议全权代表唐绍仪、英国商人李德立、南方和议全权代表伍廷芳

南方紧锣密鼓地选出大总统,其速度之快,远远超出袁世凯预计。选出临时大总统,也意味着"国民会议"没有召开的必要了。各省代表会于30

日决议通知伍廷芳"毋庸再开国民会议"。同日,南北和谈举行第四次会议,决定国民会议组织、名额及召集办法。

如果说伍廷芳当天没有收到电报,那么南北双方在 31 日继续进行第五次和谈,并提出"国民会议"定于 1912 年 1 月 8 日在上海召开等五项内容,则令人费解。"各省代表会"与在上海谈判的伍廷芳南方代表团之间的信息沟通不畅(主要通过电报来往),还是伍廷芳有意压下电文以迷惑唐绍仪代表团,其中玄机颇令人费解。南北和谈仍在继续,1912 年 1 月 2 日,孙中山特致电伍廷芳,命将每日议和事详细电知。

可见南北双方代表,特别是北方代表唐绍仪对孙中山的当选临时大总统及就职情况并不知情。那么,袁世凯是否知情,态度又是怎样?

驻上海英、法、德、日、美、俄六国领事代表与政府周旋和谈时,前去拜访伍廷芳。坐车中者为美国总领事

二、袁世凯在孙中山就职前是否已知

孙中山当选后立刻通电全国:"……诸公不计功能,加文重大之服务,文敢不黾勉从国民之后,当刻日赴宁就职。"电文中一个"刻日",更是不给袁世凯任何讨价还价的余地。

孙中山同时又致电袁世凯本人:

北京袁总理鉴:

文前日抵沪,诸同志皆以组织临时政府之责相属。问其理由,盖以东南诸省久缺统一之机关,行动非常苦难,故以组织临时政府为生存之必要条件。文既审艰虞,义不容辞,只得暂担任。公方以旋转乾坤自任,即知亿兆属望,而目前之地位尚不能不引嫌自避;故文虽暂承乏,而虚位以待之心,终可大白于将来。望早定大计,以慰四万万人之渴望。

孙文

在电文中,孙中山表面上是许诺"虚位以待"。但是,实质上,第一,

辛亥革命期间北京城门戒备森严

将南方提前加速建国的责任,归结为袁世凯"自避"。第二,"望早定大计",有催促袁世凯行动的意思,至于袁世凯是否能接任民国临时大总统,孙中山并没有明确表态。

还有两点颇值得注意:一是"各省代表会"自称代表国民多数"赞成共和",以此拒绝召开"国民会议"。由于"各省代表会"主要由南方革命代表组成,无论代表选派方式还是政见倾向,乃至其所代表的省份(部分省份未派代表或代表资格存在明显问题),都不足以替代"国民会议"。二是孙中山在电报中并没有明白说出自己已被南方阵营选举为"临时大总统",而更多的是强调自己只是暂时担任组织之责而虚位以待袁世凯之心。

1912 年初,旧金山华侨游行庆祝孙中山就任"临时大总统"

孙中山对袁世凯的称呼是"北京袁总理"。袁世凯在 1 月 2 日的复电中称孙中山为"孙逸仙君",对孙中山的总统身份不承认,认为国体尚待公决。孙中山则在回电中对应改称为"袁慰亭君"。从相互称谓上可看出两人对时局的态度。

孙中山"抢"任大总统为革命形势所迫,在就职之后,也是在考虑怎样迫使北方赞成共和，保存革命果实。"抢"任大总统必将对袁世凯形成压力，也没必要让袁世凯早先知道，很可能带来更大军事冲突。

种种迹象表明，袁世凯似乎在孙中山就任临时大总统之前，对此事一无所知。袁世凯已任命唐绍仪为南北和谈全权代表，而唐不知情，就不可能向袁世凯汇报此情。从这一点上说，南方政府通过对唐绍仪的隐瞒，蒙蔽住了袁世凯。

伍廷芳在30日接到"毋庸再开国民会议"的通知后，为了完成对唐绍仪的隐瞒，使孙中山能够顺利就职，依然与唐绍仪如期进行会谈，并达成五项共识。还有一种可能，就是唐绍仪与伍廷芳唱双簧，借此对袁世凯隐瞒孙中山即将就职的实情。但这种可能性不大，因为当时唐绍仪对袁世凯是"认真负责"的。另外，早在袁世凯选择唐绍仪作为他的和谈全权代表时，就已派智囊杨士琦等人随行，从中监视唐的言行，防备唐绍仪与同乡孙中山一伙私通。

正是因为袁世凯并不知道孙中山元旦就职，清廷资政院议员于12月31日致电袁世凯内阁，其中指责唐绍仪过于让步而坚决主张"国民会议"应在京召开，其中对南方选举出"临时大总统"一事毫无提及；同日，直隶总督陈夔龙致电内阁也只提及"国民会议"之事，对"临时大总统"一事也是只字未提。可见北京方面似乎对南方的进展毫无了解。当时，就连消息灵通的《泰晤士报》驻京记者莫理循也是

1912年3月25日，孙中山与唐绍仪在临时大总统府办公室前合影

在1月5日才提及孙中山就职之事，如果他在1月1日之前获得此消息，无论如何也不会失去这条极具爆炸力的新闻。

但是，美国的《纽约时报》却在12月29日刊载了这样一条短讯："南京12月29日电：南京代表大会一致选举孙中山为中华民国临时大总统。"除此之外，别无他文。国内也有报道孙中山当选之事，但袁世凯没想到孙中山的就职只距当选3天时间，速度之快大大出乎常人所料。

深谙官场政治的袁世凯应是知道南方选举"临时大总统"的政治含义的，因为南方此举等同于"另立新国"，这也意味着袁世凯企图通过和谈达成妥协统一的想法完全失败，南北和谈已毫无必要。在孙中山就职之前，袁世凯似乎十分自信，主要精力用以加强对清廷的掌控，对南方的情况并不重视，消息来源主要依靠唐绍仪，否则，如果袁世凯重视的话，还是有消息来源的。

由此判断，孙中山从当选"临时大总统"到就职，仅仅3天时间。此消息虽然通过一些渠道公布，但革命党人并非想隆重地"广而告之"，"公布"的力度有限。只在革命党内部公布或通过革命党人的私人关系公之于个别外电，对社会公开的程度十分有限。这是孙中山等革命党人的故意所为，还是无意之中达到的"良好"效果，这个确实是个疑问。

或者，还有一种可能就是袁世凯装做不知，将推翻旧朝的"不义之举"由孙中山承担。而袁世凯以清朝旧臣建立新政权，则会落下"不忠"骂名。

三、孙中山在就职宣言中埋下的伏笔

孙中山就职前,南方与北方已达成默契共识,只要袁世凯迫使清帝退位,即可出任中华民国总统一职。这在孙中山就职宣言中已有所体现,"至专制政府既倒,国内无变乱,民国卓立于世界,为列邦公认,斯时,文当解临时大总统之职"。

从就职宣言中不难看出,孙中山在给袁世凯接任民国总统的"清帝退位"之外,又加了两个条件:国内实现和平;世界各国承认民国。这无疑从文字上加大了袁世凯接任总统的难度。孙中山对于让位袁世凯的真实态度究竟如何?

南方抢先成立"临时政府"以定国体,此举南北双方对此都心知肚明。南北双方之争,表面上看是"君宪"与"共和"之争,实际上则为"名器之争"。南方抢在"国民会议"之前成立临时政府,目的就在于与清廷分庭抗礼,而孙中山急于就任"临时大总统",目的也在于逼迫袁世凯将其视为平等的谈判对手,以便革命党在推翻清廷后更好地参与政治权力的再分配。

1911年,革命军政府发行的中华国商民银票一百元纸币图样

孙中山在就职宣言中提到"解职"是因当时革命力量不足以立刻推翻清廷,"虚席以待"袁世凯也是迫于形势。为了保住革命果实,孙中山还是想依靠自身革命力量推翻清廷的,以此加大革命党在新政府中的分量。当然,如果能够保住"大总统"之位,当然是最好的。

● 1911年,孙中山以中华革命军筹饷局名义发行的中华民国金币券

所以,孙中山在让位的条件上又加了两条有伸缩性的条件。加上这两个条件,是为以后的"不让位"埋下伏笔。从文字上看,如果"清帝退位",而国内没有实现和平,民国没有卓立于世界,被世界各国所公认,那么,孙中山就不能解职,而要继续在总统之位上为国为民工作。孙中山为确保革命果实,可谓用心良苦。

孙中山对袁世凯是存有戒心的,一些有识之士也专门有此提醒。被誉为"中国留学生之父"的容闳于1月2日写信给孙中山,表现出对国内时局的关注,专门对袁世凯进行了剖析,认为袁是为世人所不齿的"叛徒",需防其种种"骗术"。陈其美也认为袁世凯乃乱世奸雄,一旦任总统,将对革命党不利。

孙中山就职后,顶着压力反对南北议和,对北方采取积极的军事行动。1月4日,孙中山致电陈炯明,下令广东出兵北伐,电文说:"中央政府成立,士气百倍,和议无论如何,北伐断不可懈……宜速进发。"为了鼓励士气,11日,孙中山宣布出任北伐军总指挥,黄兴为陆军总参谋长,并制定北伐方略，士气如虹。南北双方剑拔弩张。外国列强以保护侨民为由，纷纷向中国派兵。

据戢翼翘回忆：临时政府成立后，开始整顿军队，"当时的军队数量较多，长江一带就有四十几个师，但多半有名无实。南北虽已开始和谈，但在军事上不能不做准备，许多北伐队伍集中南京，战志高昂。"

图1　沪军北伐队正在等候轮船准备北上

图2　1912年1月11日，孙中山组织鄂湘、宁皖、淮扬、烟台、关外、山陕六路军北伐。这是沪军都督府为烟台、关外北伐军总司令蓝天蔚（1878—1921）北伐饯行

孙中山对财力十分重视，曾对荷马·李说"如得财力支持，绝对能控制局势"。但是临时政府军费困难。孙中山当选为临时大总统后，令胡汉民"急就旅沪之广、肇、潮、嘉同乡，募捐得军资 70 余万元"。1 月 8 日，孙中山批准发行中华民国军需公债，定额为 1 亿元；定于 2 月 2 日发行，但只售出 7 371 150 元。

由于军费紧张等种种原因，黄兴、宋教仁等人反对北伐，更多的人更是将希望寄托在袁世凯身上，孙中山举步维艰，起先还勉强支撑着，最后也只好放弃北伐。尽管孙中山做了种种努力，但中国国内政治的天平再次倾向到袁世凯一边。

● 辛亥革命期间，日本增兵汉口

四、袁世凯的态度

孙中山就任临时大总统，创建共和，像一把利剑有效地刺中袁世凯的要害，彻底颠覆了袁世凯直接承接清朝法统的计划。

南北谈判第一阶段顺利的背后，重要的原因是孙中山和黄兴都答应袁世凯，一旦共和确定，可推袁任大总统。29日，南北17省代表在南京集会，选举孙中山为临时大总统，成立中华民国。袁世凯自觉受骗，一怒之下，宣布之前唐绍仪与伍廷芳议定的条款一律不作数。唐绍仪等以袁不承认所定条款，电请辞职。袁批评唐等辞职，但实际上唐仍在上海，私下与伍谈判。至此，南北议和进入第二阶段，即由伍廷芳与袁世凯直接电报往来谈判。

张謇致袁世凯电文。文中张向袁解释孙中山组建临时政府的初衷，又提出所拟国民会议办法7条，请袁斟酌并答复袁世凯在听说孙中山已经当上临时大总统后，气得暴跳如雷又惊慌。按他的计划，原本打算用南北和谈来压迫清廷与革命党同时交出大权，一方面皇帝成为虚君，另一方面则让革命党取消独立，重归统一；最坏的打算，也是由国民会议来决定国体问题。但袁世凯没有想到的是，如今革命党竟然先下手为强，抢先成立临时政府以制造既定事实。

1912年2月18日，孙中山派出的迎袁专使团合影。前排左一为汪精卫、左二为刘冠雄，左四起为：魏宸组、蔡元培、钮永建

1月2日，冯国璋、张勋、张作霖等人上奏坚持死战，誓死反对共和，但清廷实在没有军饷。可见，南北双方都缺乏军饷。袁世凯致电伍廷芳否认第五次会议拟定的条款，要求伍廷芳以后将议和条款"直接往返电商"。

袁世凯在1月3日给孙中山的回电中称："君主、共和问题现方付国民公决，所决如何，无从预测，临时政府之说，未敢与闻。"

孙中山回电道："文不忍南北战争，生灵涂炭，故于议和之举，并不反对。虽民主、君主不待再计，而君之苦心，自有人谅之。倘由君之力，不劳战争，达国民之志愿，保民族之调和，清室亦得安乐，一举数善，推功拥能，自是公论。文承各省推举，誓词具在，区区之心，天日鉴之。若以文为有诱致之意，则误会矣。"

1月4日，袁世凯致电伍廷芳，质问此次选举总统的用意，并另提国会的选举办法，执意要将谈判地从上海挪至北京。伍廷芳严词拒绝，并声明与唐绍仪所签之约不能变动。

这下袁世凯急了，他一面下令武昌前线的北洋军发起攻击，一面让北洋将领们发出"反对共和、拥护君宪"的通电，意在对南方施压。在听说革命党想以总统之位换取他支持共和的建议后，袁世凯佯装大怒："某为大清总理大臣，焉能赞成共和！欲使余欺侮孤儿寡妇，为万世所唾骂，余不为也！"北洋军将领纷纷请战进攻南京。

1月10日，张謇向袁世凯发电报，为孙中山就任临时大总统之事向袁释疑："南省先后独立，事权不统一，暂设临时政府，专为对待独立各省，揆情度势，良非得已。孙中山已宣言，大局一定，即当退位。北方军人，因此怀疑，实未深悉苦衷。"而此时，民国政府也不示弱，以硬抗硬，以革命军北伐对抗北洋军南下。张謇向袁世凯建议，由他赴汉口见段祺瑞，说服他用军人名义通电拥护共和，以促使清帝早日退位。

1月14日，唐绍仪奉命致电伍廷芳，通报清廷正在研究退位

● 1912年3月3日，法国关于袁世凯就任中华民国临时大总统的报道，标题为：袁世凯剪下他的辫子

后，询问袁世凯接任民国临时大总统一事"有何把握"。伍廷芳接电后当即请示南京。南京方面表示希望袁世凯兑现承诺，黄兴和黎元洪陆续出具保证书，保证只要清帝退位，他们保举袁世凯当民国大总统。南京方面还派汪精卫赶赴北京，督促袁世凯勒令清帝退位。

"老练"的袁世凯在没有得到孙中山的明确表示后，沉稳地以静待动。袁世凯虽然多次公开表态倾向共和政体，但内心是不赞成的。袁世凯有着"皇帝梦"，提出"清朝政府、民国政府同时解散，另组新的政府"的方案，以便自己完全操纵这个"新政府"。

1月16日，北京东华门外爆炸案发生后，袁世凯趁机称病不上朝，将"逼宫"之事交给亲信办理，自己在幕后静观事态变化。1月17日，孙中山致电各国公使，揭露袁世凯在南北议和中的种种反复失信。

大约在1月下旬，张謇再次致电袁世凯，为袁出谋划策："设由前敌各军以同意电请政府，云军人虽无参与政权之例，而事关全国人民之前途，必不可南北相持，自为水火。拟呈办法，请政府采纳执行，否则军人即不任战斗之事云云。如是则宫廷必惊……而大事可定矣。所拟办法如下，公如以为可行，须请密电段芝泉等。謇观大势，失此机会，恐更一决裂，此后愈难收拾，幸公图之。"

1月23日，段祺瑞致电内阁：军心动摇，共和思想有难遏之势。十二月初七，段祺瑞再电内阁：各将领力主共和，闻溥伟、载泽阻挠，愤愤不平，拟即联衔陈请。十二月初八，段祺瑞领衔47名将领电请清廷明降谕旨，立定共和政体。从段祺瑞这一连串的逼宫动作来看，张謇致袁世凯的两封密电显然起了作用。

1月26日，顽固的君主制支持者良弼被革命者炸伤，当晚毙命。清廷内部人为震惊。同一天，以段祺瑞为首的清军50名将领联名要求定下共和政体。加上袁世凯10天前也密奏请开共和，清廷终于下定退位决心。

孙中山经过仔细斟酌致电袁世凯，大意是：如果清帝退位，我必将实行诺言，辞职下野。孙中山在给袁世凯吃过"定心丸"后，于1月27日致电北京各国公使，坚持对于袁世凯的"新政府"方案，"民国政府万难照办"，"民国之愿让步，为共和非为袁也"。这封电报，粉碎了袁世凯重组新政府的计划。

可见，孙中山仓促就任临时大总统，对袁世凯产生了强烈的刺激作用，加速了清廷的退位，还迫使袁世凯走上了民主共和的轨道。袁世凯通过南京临时政府的过渡，不但避免了"逼宫夺权"的恶名，还成为了清廷争取优待的"功臣"。2月12日，溥仪在退位诏书中有这样一段话："即由袁世凯以全权组织临时共和政府与民军协商统一办法。"孙中山对这句话极为反感，但已无力回天。政治规则是由强者主导的。

孙中山于次日前往参议院提交辞职咨文，并在咨文中提出三项附加条件，这是孙中山为制约袁世凯所做的最后努力。

五、孙中山解职的真正原因

1912年2月12日,清帝在袁世凯胁迫下退位。于是,孙中山第二天就向临时参议院提出辞职。孙中山履行"就职宣言"诺言只是表面上的原因。换句话说,"就职宣言"中解职有三个条件,除"清帝退位"是明确条件已经实现外,国内无战事、为列邦所承认这两个条件都是具有弹性的。如果当时孙中山北伐成功,经济基础雄厚,完全可以这两个条件没有达到为由,继续出任"临时大总统"。规则的制定与实施,只属于强者,而当时的最强者是袁世凯,并非孙中山。孙中山"如约"解职的真正原因是迫于当时革命党自身的力量和国内形势。

1912年发行的辛亥革命纪念明信片

首先,革命党人自身力量不足。孙中山等人发动暴力反清的过程中,既没有也很难真正将下层民众发动起来,形成比较坚实的社会基础,往往是革命的声势大于革命的实力,反清起义的高潮来得快,退得也快。孙中山曾说过:"武昌之成功,乃成于意外。"正因为如此,连黄兴与孙中山本人也都希望袁世凯"出而建拿破仑、华盛顿之事功"。当然,从对袁世凯充满厚望到丧失对他的警惕,同革命党人狭隘的反满民族主义也不无关系。但是,如果革命党人自身的力量比较强大,又何需依靠他人?

第二,革命领导群体内部四分五裂,严重削弱了原本并不强大的革命力量。中国同盟会作为辛亥革命的领导核心,固然集中了许多出类拔萃的民族精英,但在许多重大问题上矛盾迭出。革命成功后,各路革命者也不从革命的大局出发,迅即汇聚在孙中山、黄兴为核心的革命领导集体周围,共渡难关,而是隔岸观火,甚至幸灾乐祸。最突出的莫过于原湖北革命骨干孙武主动与黎元洪握手言欢,却同孙中山、黄兴为首的南京临时政府过不去。

第三,就是难以逾越的财政危机。无论是部署繁重而艰巨的北伐任务,还是维持百废待兴的南京临时政府的日常工作,样样都需要经费。南京临时政府在名义上统辖响应武昌起义的十多个省区,却得不到各省都督的财政支持。举

清帝退位诏书及号外

借外债,但效果也不理想。从1月3日内阁组成,直到1月21日阁员们才纷纷来到南京,召开"临时政府第一次内阁会议"。北伐则因南京临时政

1912年2月15日,孙中山带领文武官员祭谒明孝陵

府财政十分困难，近乎难以为继，军心不稳。逼迫清帝退位的任务就不得不依仗脚踩两只船的袁世凯去完成，给他的报酬则是炙手可热的临时大总统之职位。

孙中山建立南京临时政府的困难重重，西方列强均不承认新政府。为了得到列强承认，孙中山于1月5日发表对外宣言，承认满清政府与各国缔结条约及外国人既得权利等。1月8日，日本人犬养毅、头山满等人晋见孙中山，告以日本外相反对中国共和政体，提议联合岑春煊、康有为对抗袁世凯，被孙中山拒绝。

1912年3月10日，身穿前清陆军上将军常服的袁世凯（前中）宣誓就任中华民国临时大总统后，与部分政府官员和外国使节合影

1月11日，南京总统府以外交部总长王宠惠名义向各国发正式照会，请求列强承认，均遭拒绝，并以保护侨民为名，纷纷派兵。西方列强认为孙中山只是个没有执政经验的革命者，而更加看重袁世凯。孙中山面临外交孤立的局面。1月15日，英国明确表示对袁世凯愿予一切外交援助。

孙中山先生辞职后，袁世凯接任临时大总统，步步为营，不断排挤革命党人，甚至大开杀戒，还上演帝制复辟的闹剧。许多人都后悔对孙中山"留恋"总统之位的猜疑，领悟到孙中山的良苦用心。孙中山让位给袁世凯是出于当时形势所迫。

临时政府参议院举行大总统解职典礼后的合影。前排左起第四人为黄兴、第五人为唐绍仪

1912年4月3日，解职后的孙中山离开总统府

2月15日,孙中山在祭南北共和成立大典时表示"余于解任后,亦仍愿尽力于新政府也"。3月11日,《中华民国临时约法》在南京公布。

1912年3月8日,南京参议院通过《中华民国临时约法》。3月11日孙中山下令颁行。上图为《中华民国临时约法》。

第九章
典礼简单却意义深远

任何典礼的历史意义，与其形式的隆重与否并没有必然的关系，有些典礼虽然隆重，但在历史长河中却只是场闹剧。孙中山的临时大总统就职典礼虽然简单而仓促，甚至没有留下任何影像资料，但它却是中国历史，乃至世界历史的大事件，意义深远。

孙中山的临时大总统就任典礼，是中华民国的开国大典，相对其重要历史地位，不能不说是简单了些，但这却丝毫没有影响其深远的历史意义，它

《时事新报》1912年2月14日所载《清帝退位之谕旨》

不仅宣告了中国两千多年的封建君主专制制度的结束,还标志着崭新的民主共和政体——中华民国的诞生。历史将永远记住这不朽的时刻!诚如戢翼翘所说,这次的就职仪式"仓促简单",但无论如何,"中华民国"在这一天成立了,历史翻开了新的一页,这才是真正有意义的。

孙中山的临时大总统就职典礼简单而仓促,是由当时特定的局势所决定的。因为财政紧张,孙中山将两江总督署内的西花厅作为"临时大总统办公室",孙中山的办公住宿设施也很简单。孙中山仓促就任"临时大总统",就职之时就言解职之约,有一个主要目的就是开创民主共和政府,给袁世凯施压,推翻清朝政府。

南北双方的政治博弈进入最后关键阶段。双方的秘密谈判仍在持续进行,即便已辞职的唐绍仪,当时也仍旧留在上海。在反复争辩与谈判后,双方最终达成默契,那就是:由袁世凯迫使清帝退位,在全国归于共和后,孙中山将临时大总统让于袁世凯,由袁世凯出面组织民国政府。而这,也是当时国内外各方所能接受的最佳方案。

2月12日,在袁世凯的"努力"下,清帝退位。孙中山按照就职宣言,于次日向临时参议院提出辞呈,

◎ 黄兴在南京留守府内

推荐雄踞北方的袁世凯为总统。孙中山在辞职咨文中特别附有3个条件。其中第一、第二条就是坚持南京为民国政府首都,袁世凯到南京受任。袁世凯煞有介事地致电南京临时政府说:"共和国是最良国体,世界之公认",并信

誓旦旦发誓"永不使君主政体再行中国"。

袁世凯的言行再次蒙骗了许多人，其中不乏革命党人。有不少参议院议员不仅不支持孙中山建都南京的主张，反而宣扬建都北京的好处。后在孙中山、黄兴等人的压力下，参议院再次开会复议，27位议员到会投票，以19票南京、6票北京、2票武昌而通过南京成为中华民国政府首都的决议。但后来，狡猾的袁世凯还是没有离开北洋势力的老巢，在北京接任中华民国第二任临时大总统。

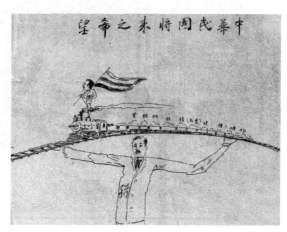

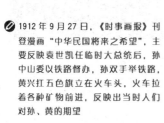 1912年9月27日，《时事画报》刊登漫画"中华民国将来之希望"，主要反映袁世凯任临时大总统后，孙中山委以铁路督办，孙双手举铁路，黄兴扛五色旗立在火车头，火车拉着各种矿物前进，反映出当时人们对孙、黄的期望

孙中山就任中华民国首任临时大总统是中国历史上的一件大事。南京总统府的大堂是孙中山宣布开创民国、就职临时大总统的地点，是当时历史的重要见证。目前，大堂高挂"天下为公"横匾，两边悬有反映大院历史的"共和肇始"等6幅反映总统府历史的油画。

大堂内、外立柱分别悬挂两副对联："九万里舆图归属民权山河革旧，数千年历史废除帝制岁月鼎新"；"大堂深似海，长挟石城沧桑钟山风雨；国史壮如歌，曾振辛亥鼙鼓己丑雷霆"。内联讲述的是孙中山建立民国、开创共和的历史意义：中国广阔的疆域从此开始归属人民，废除两千多年的封建皇帝制度，开创了一个崭新的民主共和时代。外联不仅寓意大堂具有深邃似海的历史底蕴,更指1911年爆发的辛亥革命,促使孙中山在南京建立临时政府,开创民主共和,与1949年人民解放军占领南京,都具有十分重要的政治意义。

总统府大堂夜景(今摄)

后　　记

　　1912年1月1日，孙中山就任中华民国临时大总统是中国历史上的一件大事。这个就职典礼是民国的"开国大典"，堪称"盛事"，但这个"盛事"的许多细节却很模糊，甚至是盲点。随着研究的深入，我发现这个"盛事"其实是既简单又仓促，远没有人们想象的隆重。由于种种原因，孙中山的就职典礼被"隆重化"了。有些史料内容不一致，众说纷纭，有的甚至互相矛盾，难经推敲。

　　为了还原历史真相，我做了大量前期资料收集准备工作，却迟迟没有动笔，主要原因是感到史料仍有欠缺。但随着时间的推移，典礼当事人或知情者在世的越来越少，史料的征集也越加困难，因此才有动笔完稿之念。本书在讲述就职典礼方方面面的同时，还意在抛砖引玉，希望有更多人士参与对孙中山就职典礼的研究，以弥补民国史研究上的这一遗憾。

　　由于本人水平有限，本书若有不足之处，敬请批评指正，也欢迎大家通过本人新浪微博*@南京黄飞鸿*进行交流。

陈宁骏于总统府
2015年5月5日